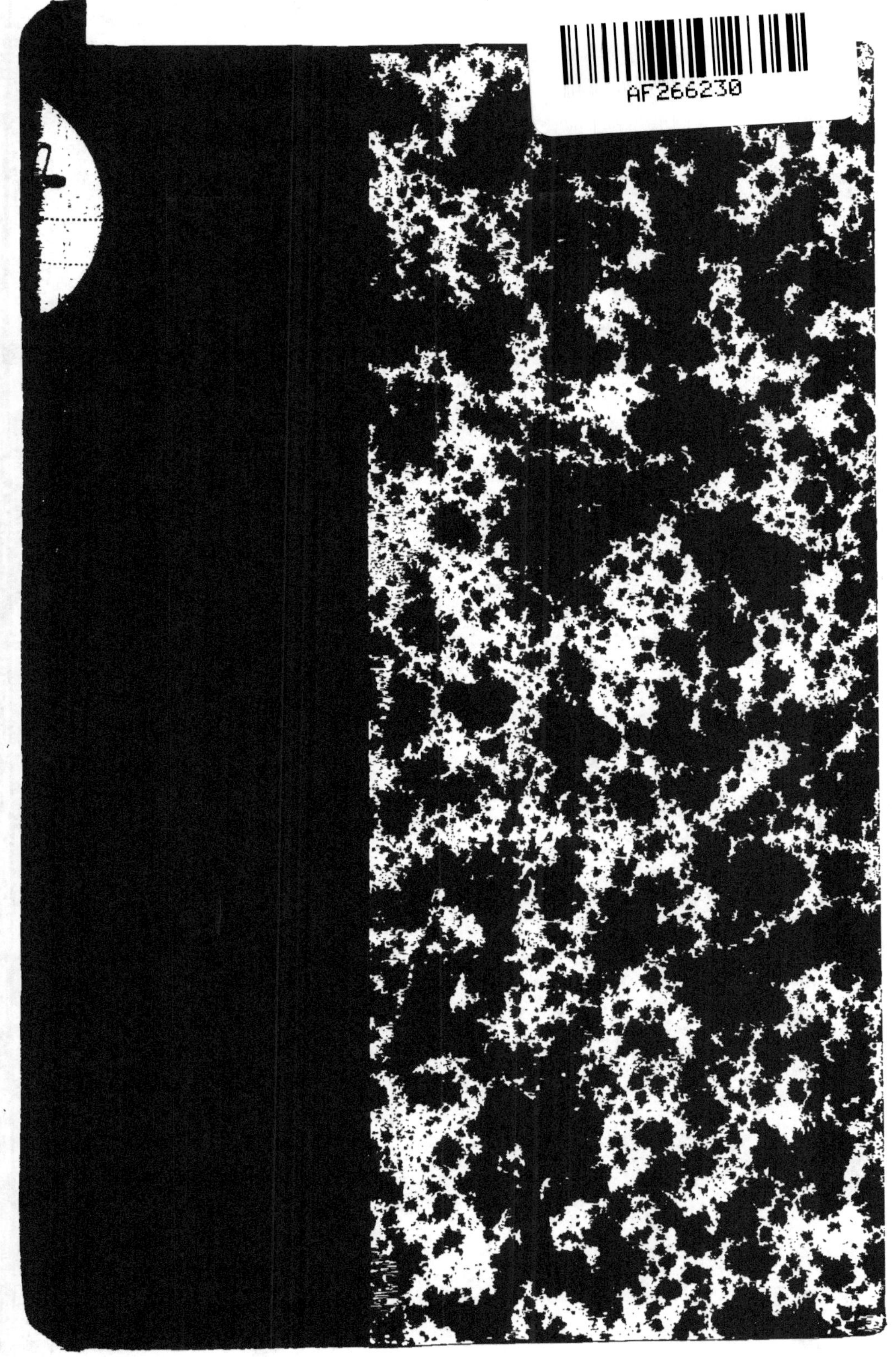
AF266230

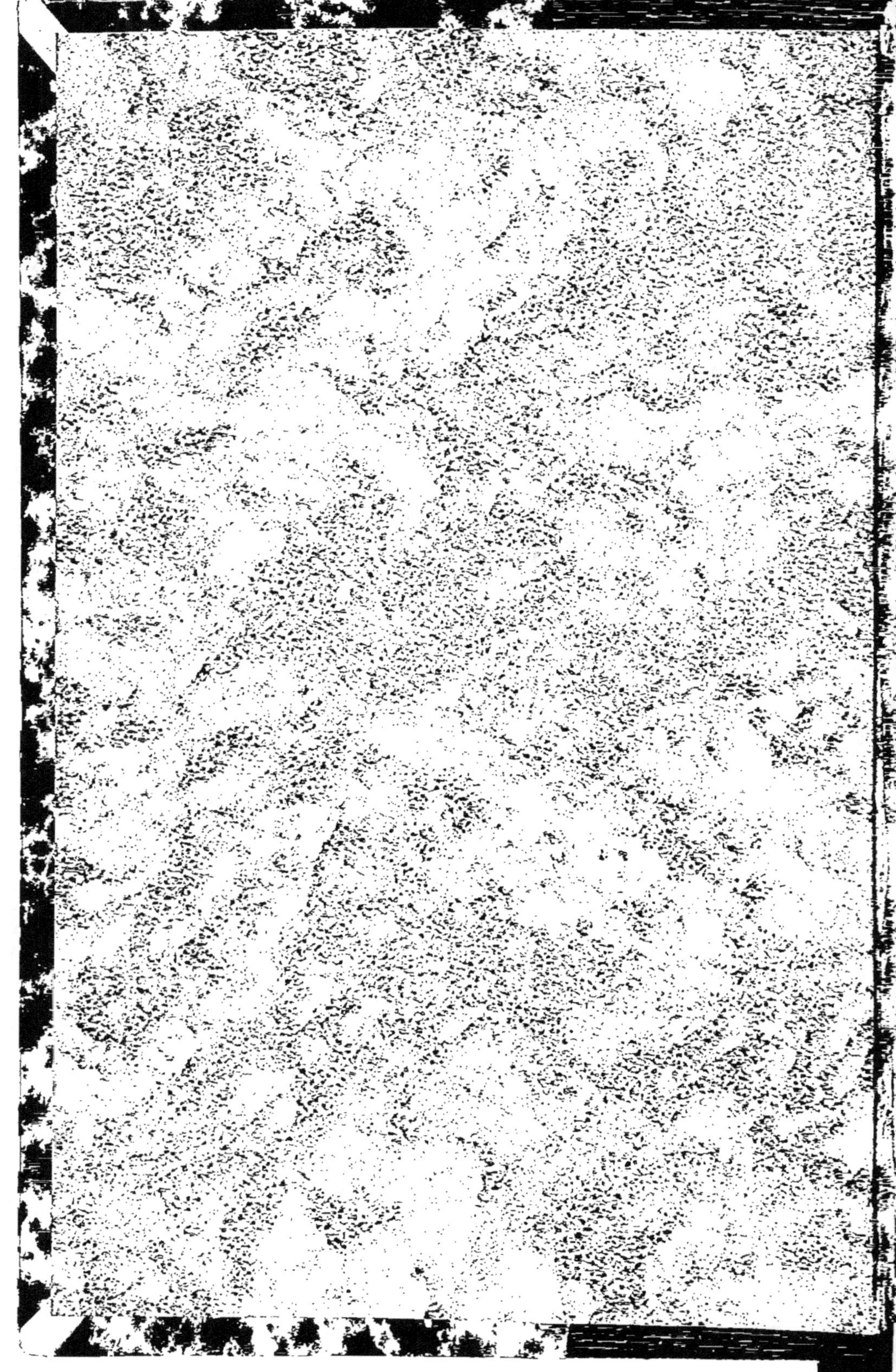

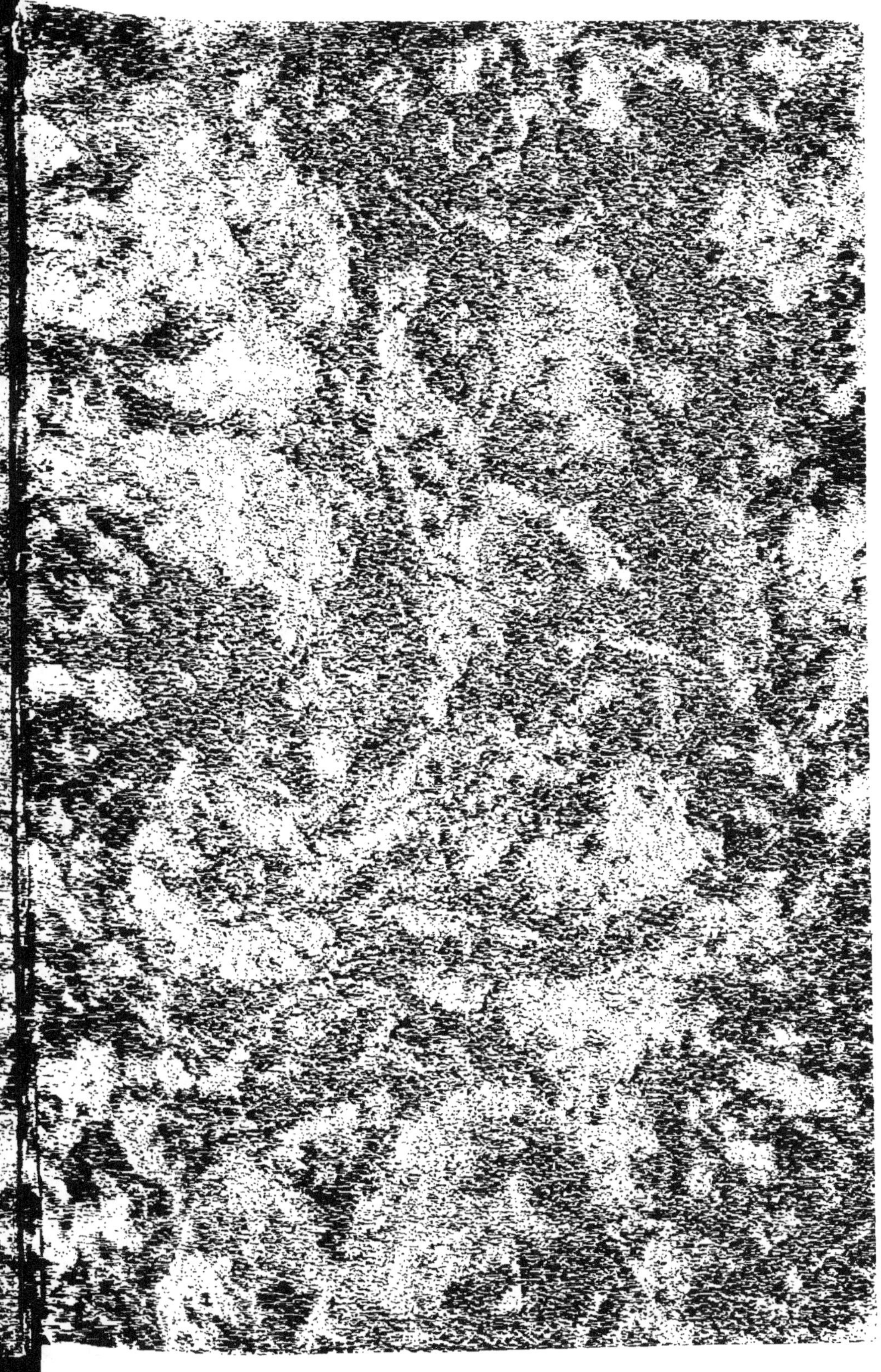

J LEMAIRE. 1965

J LEMAIRE. 1965

# LES MARTYRS

## DE

# L'EXTRÊME ORIENT

PARIS.—IMPRIMERIE DE P.-A. BOURDIER ET C⁶,

30, rue Mazarine.

# LES MARTYRS

## DE

# L'EXTRÊME ORIENT

OU

## LES 94 SERVITEURS DE DIEU

MIS A MORT POUR LA FOI

EN CORÉE, EN COCHINCHINE, AU TONG-KING

ET EN CHINE

**PAR M. L'ABBÉ TH. W.....**

Des Missions Étrangères

## PARIS

JACQUES LECOFFRE ET C^ie, LIBRAIRES

RUE DU VIEUX-COLOMBIER, 29

—

1859

# INTRODUCTION.

Personne ne contestera l'opportunité de notre publication. Jamais les regards ne se sont portés avec plus d'avidité que de nos jours vers les régions lointaines de l'extrême Orient. Les uns demandent à ces pays les secrets de leurs institutions, les autres les merveilles d'un sol que la science et le commerce n'ont guère exploré jusqu'ici : d'autres encore voudraient les voir s'ouvrir aux richesses de notre industrie, et que nos vaisseaux pussent en rapporter les produits si variés ; tous enfin appellent de leurs vœux le jour où les barrières qui nous en séparent seront abaissées, et où la distance sera désormais le seul obstacle qui empêche le vieil Orient d'entrer en communication avec l'Europe civilisée. Quelque doive être le résultat des traités que les armes réunies de France et d'Angleterre ont arrachés à l'empire du Milieu, et que nous obtiendrons demain des rois d'Annam et de Corée, nous aimons à penser que la question qui se débat depuis des siècles entre les missionnaires et la barbarie orientale, sera résolue autrement que par de bons traités de commerce, et satisfera d'autres désirs que ceux de nos marchands.

Ce n'est pas d'aujourd'hui que la France a livré bataille en ces pays. Elle y a livré des combats pacifiques, où le plus pur de son sang était offert et versé volontairement. Ce sang a-t-il suffisamment fécondé des terres ingrates, et le moment est-il venu où nous y verrons lever cette moisson de chrétiens qui tôt ou tard doit en surgir? Voilà la question que nous nous posons avec un mélange de crainte et d'espérance, nous catholiques, nous surtout qui aspirons à aller cultiver les terres tant de fois arrosées de ce sang. Peut-être Dieu demande-t-il d'autres victimes; peut-être plusieurs de ceux qui se préparent, dans de saintes retraites, à entrer dans la carrière, verront-ils un jour le titre de martyr ajouté à celui d'apôtre à la suite du nom qu'ils ont reçu au saint baptême... Il est de présomptueuses espérances dont on ne sait se défendre!

Quoi qu'il en soit, nous le répétons, la question

qui s'agite en ces pays n'est pas précisément de savoir si la France pourra les exploiter à son profit et y étendre son influence, mais de savoir si Dieu a bien voulu se servir d'elle pour l'accomplissement de ses desseins de miséricorde et de salut ; si ces vastes régions recevront par elle, non le trop plein de ses marchandises, mais, avec le christianisme, les lumières de la civilisation. Si elle réussissait dans cette grande œuvre, elle aurait assez fait, non pour son intérêt, mais pour sa gloire. Ce n'est pas d'aujourd'hui que la France sert d'instrument à la Providence, et que l'histoire divine s'écrit avec notre sang [1]. Il n'est presque pas de contrée qui n'ait été visitée par nos missionnaires, où nos missionnaires n'aient souffert et prié ; presque aucune où ils n'aient jeté quelques semences arrosées de leurs sueurs et quelquefois de leur sang. Les hommes qui gouvernent parmi nous, les penseurs, les hommes de commerce et d'industrie, connaissaient à peine le nom de la Corée, de la Mantchourie, de la Mongolie, que déjà les missionnaires parcouraient ces

[1] Les deux tiers au moins des missionnaires qui répandent la foi dans les pays étrangers viennent de la France, et presque tous les martyrs que l'Église catholique a produits de notre temps sont Français.

pays, revêtus de l'habit du Coréen, du Mantchoux et du Mongol, vivaient de leur vie, embrassaient leurs usages, se faisant tout à tous pour les gagner tous à Jésus-Christ.

Les *Annales de la propagation de la Foi* ne contiennent guère que le récit de leurs souffrances, de leurs saintes et apostoliques misères, les mêmes dont saint Paul se faisait un titre de gloire, et enfin du sang qu'ils ont versé.

Voilà pourquoi nous disons que la question qui décidera de l'avenir de l'extrême Orient est en grande partie résolue. C'est presque toujours sur le sang que s'établissent les Églises nouvelles, et il semble qu'il manque quelque chose à celles dont le berceau ne fut pas arrosé de ce bain sacré. C'est par son sang que notre divin Rédempteur nous a sauvés; et partout où le sang est versé pour la cause de la vérité et pour le nom du Sauveur Jésus, tombent aussi les flots de la grâce, et s'épanche plus abondamment la vertu de la Croix. Ainsi en a-t-il été dans les premiers siècles du Christianisme. Ainsi ont été fondées les églises d'Italie, des Gaules, d'Espagne et de la Grande-Bretagne. Les premiers évêques de nos églises sont le plus souvent des martyrs. Un jour viendra où des noms de confesseurs de la foi ouvriront aussi la liste des premiers pasteurs de la Chine, de la Corée et du royaume d'Annam ; et l'auréole du martyre relèvera l'éclat de l'humble mitre que leur front a portée. De même aussi que sous la primitive Église, les chrétiens de ces contrées, en recevant le baptême, sont armés pour le combat, et remportent, en mourant pour leur foi, la plus belle victoire qui puisse honorer l'homme ici-bas, et l'une des plus grandes que Dieu récompense dans le Ciel. Car, dans ces combats, on triomphe en mourant, et c'est par la mort qu'on arrive à la gloire.

Mais nos évêques et nos prêtres n'aspirent pas seulement à ce triomphe personnel : ils savent aussi qu'en mourant ils féconderont la terre qui s'abreuve de leur sang, et que partout, et dans tous les temps, le sang des martyrs est la semence des chrétiens.

Voilà ce qui nous inspire notre confiance, bien plus que la nouvelle récemment reçue des conventions qui donneront peut-être plus de liberté d'action à la religion chrétienne dans ces contrées [1].

La persécution est loin d'être le principal ob-

---

[1] Le lecteur s'étonnera peut-être que nous ne croyions pas absolument à l'espérance de la liberté promise par les derniers traités. L'histoire du passé suffit pour justifier nos défiances.

1.

stacle qui arrête les progrès de la religion dans un pays. Quiconque connaît son propre cœur, et devine ce que peut être celui d'un païen absolument privé des lumières de l'Évangile, et livré sans défense à tous les instincts mauvais, n'aura aucune peine à comprendre les obstacles qui s'opposent à la diffusion d'une religion qui prêche et impose toutes les vertus, dans des pays livrés séculairement à tous les vices. Les conventions les plus avantageuses qu'aient imposées nos diplomates peuvent tout au plus consister à ouvrir le champ de bataille, quitte à nos missionnaires à

Jusqu'ici la diplomatie chinoise et annamite a toujours triomphé, par la ruse et la perfidie, des armes et de la prudence européennes.

On sait, qu'en 1844, M. de Lagrenée avait obtenu pour la religion une liberté presque complète dans l'empire du Milieu. Les missionnaires ont pu lire le traité dans quelque journal français : ils en ont vainement attendu les effets, et le martyre de M. Chapdelaine est venu apprendre à la France qu'il ne faut guère compter sur la foi chinoise. Quant au royaume d'Annam, les menaces de nos armes et l'intervention de nos diplomates n'ont fait qu'y rendre la persécution plus rigoureuse. En Corée, où le sang chrétien a coulé si abondamment, nous n'avons pas encore joui d'un moment de relâche. Partout enfin, dans ces contrées, nos missionnaires travaillent dans l'ombre, ils n'exercent guère leur ministère que pendant la nuit ; et souvent ils sont obligés de l'interrompre pour s'enfuir dans les montagnes ou dans quelque sombre retraite.

passer librement là où ils forçaient auparavant les barrières [1].

Quelque doive être le sort réservé à nos traités, la vertu de la Croix demeurera entière dans ces pays, et si le catholicisme y triomphe, il ne devra sa victoire qu'à lui-même. Nous laissons volontiers à ceux à qui Dieu a confié le glaive, le soin de savoir ce qu'ils doivent en faire; mais nos armes n'imposeront pas le christianisme aux Chinois; elles pourront tout au plus leur laisser la liberté de l'accepter, et la conversion d'un infidèle sera toujours un miracle de la grâce. Dieu peut bien se servir des hommes comme instruments de ses desseins, mais il ne donne sa gloire à personne.

Pour nous, nous attendons avec confiance de

[1] J'ai entendu dire quelquefois, et l'on a écrit que nous dépassons les limites de notre droit en imposant nos missionnaires et notre religion aux étrangers. Il faudrait s'entendre là-dessus. On n'impose rien à personne. On ne fait que demander la liberté pour tout le monde. La Chine ne serait pas amenée de force à la religion parce que les missionnaires pourraient la prêcher librement. Les prêtres de Boudha pourraient, si bon leur semblait, venir nous annoncer leur religion. Cette liberté qui leur est laissée n'imposerait, que je sache, à personne, s'ils venaient à en user, la nécessité de se convertir au boudhisme. Quelle incurable légèreté que celle qui oblige de rappeler des distinctions si simples et si élémentaires !

nouvelles manifestations de la vertu du divin Crucifié. Et comment ne pas croire au triomphe plus
ou moins prochain du christianisme dans l'extrême
Orient, quand presque tous les pays qui le com-
posent ont été arrosés du sang toujours fécond des
martyrs, quand nous voyons une si frappante
analogie entre les martyrs de la primitive Église
et ceux dont nous allons raconter les combats ?

Ne semble-t-il pas, en effet, que l'effort seul de
l'enfer ait pu inventer des supplices pareils à ceux
dont on lira la description dans notre récit, et ne
peut-on pas reconnaître, à l'appareil des horribles tourments déployés contre nos martyrs,
la rage du démon s'acharnant contre l'Église
naissante, au moment où il vit le monde romain
prêt à lui échapper. Nous frémissons encore en
pensant aux chevalets, aux grils ardents, aux on-
gles de fer, et à ces mille supplices qu'inventa la
barbarie romaine excitée par les démons aux abois.
Nous ne pouvons, sans horreur, rappeler ces cruels
spectacles où des bourreaux déchiraient les chairs,
arrachaient les entrailles de leurs victimes vivan-
tes, et jetaient sur des lits de têts et de débris leurs
membres mutilés et sanglants. Aujourd'hui que ces
mêmes horreurs se reproduisent, nous ne pouvons
nous empêcher d'y reconnaître la tentative déses-

pérée du démon, qui cherche à retenir sous son malheureux empire des peuples prêts à se ranger sous un autre étendard. Nous ne voulons pas anticiper sur le récit des événements, mais ils sont trop consolants pour l'espérance chrétienne, pour que nous n'y arrêtions pas un instant nos regards.

Pour les tribunaux barbares où comparaissent nos chrétiens, les verges et les fouets sont de trop doux instruments de torture. Une table grossière, faite d'un bois dur, et terminée par un manche, fera mieux l'affaire. Un seul coup asséné sur le gras des jambes et des cuisses fera jaillir le sang et écrasera les chairs; les bourreaux frapperont jusqu'à ce que les os soient mis à nu, et ne s'arrêteront pas même alors. On suspendra la victime par les bras, et on la frappera jusqu'à ce que l'écume qui sort de sa bouche et la couleur livide qui couvre ses membres avertisse le magistrat qu'il est temps de la décrocher, pour être réservée à d'autres tourments; car il y en a une variété qui fait honneur à l'imagination des Coréens. Ils auront le talent, par exemple, de communiquer aux os des jambes la forme d'un arc, et de les ramener, sans les briser, à leur état normal; ou bien de déboîter les articulations des épaules au moyen de cordes attachées aux bras. On a vu des tyrans déchirer les chairs de leurs victimes avec des scies ; en Corée, une corde fera mieux l'office, on en fera le tour de la jambe, et deux hommes, en prenant les deux bouts, la tireront à eux jusqu'à ce qu'elle arrive à l'os, puis recommenceront un peu plus haut. Ailleurs, les bourreaux, armés de pinces et d'instruments tranchants, déchiqueteront les chairs palpitantes du patient.

Les victimes sanglantes, déchirées et mutilées étaient remportées, après de longues heures de tortures, dans des prisons infectes où d'effroyables tourments les attendaient. A peine osons-nous soulever un coin du voile qui cachait des scènes de douleurs, qui firent sans doute l'admiration des anges, et le désespoir de l'enfer. Les malheureux prisonniers sont étendus dans des espaces étroits, sur une sorte de litière qui n'est jamais renouvelée. Le sang et le pus qui sortent de leurs blessures, se mêlant à toutes sortes d'ordures, ont bientôt fait de leur lit douloureux un dégoûtant fumier. La fièvre consume leurs membres, et ils pourrissent tout vivants dans leur noire et infecte cellule. La faim vient mêler ses angoisses à tant de maux : et, chose qui fait horreur ! ils n'hésitent pas à se nourrir de la vermine qu'ils recueillent par poignée sur leurs corps. Il est vrai que plusieurs recouraient à cet horrible moyen de prolonger leur existence, dans la fausse opinion où ils étaient, que mourir, non sous la hache du bourreau, mais en prison, ce n'était pas être martyr. Ils voulaient vivre assez pour cueillir la couronne ! Admirables chrétiens, qui méritaient si bien cet éloge que saint Paul adressait aux chrétiens des premiers temps : « Ils « ont été cruellement tourmentés, ne voulant point « racheter leur vie présente, afin d'en trouver une « meilleure dans la résurrection. Ils ont souffert « les moqueries et les fouets, les chaînes et les « prisons. Ils ont été lapidés, ils ont été sciés, ils « ont été soumis à la question ; ils sont morts par « le tranchant de l'épée..... Hommes admirables « dont le monde n'était pas digne! » (Épît. aux Héb., ch. xi.)

Quelquefois la vertu divine qui soutenait nos martyrs se manifestait avec un éclat inaccoutumé. C'est la même force, et puisée à la même source, qui soutenait les intrépides athlètes de la primitive Église. M. Delamotte regarde avec sérénité les bourreaux qui le tenaillent, et tandis qu'on lui arrache les chairs, il ne fait que rire. Saint Laurent, pendant qu'il était étendu sur un gril ardent, se moquait du tyran, et lui disait : *Voilà qui est bien, la chair est assez rôtie de ce côté, retourne-la, et mange...* Ce chrétien coréen n'est pas moins admirable, qui ramasse les lambeaux de son propre corps, et les jette en souriant aux pieds du juge. Un autre, Joseph Tsang, jeté dans un coin obscur de la prison, craint d'avoir été oublié : *Je suis chrétien, dit-il, pourquoi ne me mène-t-on pas aux juges ? pourquoi ne suis-je pas frappé ?* On fit droit à sa réclamation ; il fut si cruellement battu qu'il mourut quelques heures après le supplice. Semblables à ces héros des premiers âges dont parle saint Zénon, nos généreux confesseurs *aspiraient après l'honneur du martyre, et appelaient de leurs vœux les tortures.* (S. Zénon de Vérone, traité 70ᵉ.)

Un néophyte brûle du désir de laver sa robe encore blanche dans la pourpre du martyre, et, comme Ignace d'Antioche, il provoque, non les bêtes de l'amphithéâtre, mais les bourreaux, plus cruels que les bêtes, et il meurt en disant : « Oh ! « Jésus, mon maître ! je vous donne ce que j'ai, « mon corps et mon âme. » Le Vénérable Bonnard, loin de s'effrayer des verges dont on le menace, s'il ne renonce à sa foi, s'écrie : « Je vous « l'ai déjà dit, je ne crains ni votre rotin, ni la

« mort. » Colombe Kim, comme une autre Agnès, supporte en silence les plus affreuses tortures, et n'ouvre la bouche que pour se plaindre, non de la cruauté des bourreaux, mais de supplices qui avaient alarmé sa pudeur. Enfin, nos martyrs, comme ceux dont parle saint Cyprien, « fatiguent « par leur constance les bourreaux qui les tortu- « rent. Ils voient leurs corps broyés sous les coups « et leurs entrailles découvertes, et bien que de- « puis longtemps les plaies s'ajoutent aux plaies, « les meurtrissures aux meurtrissures, leur foi « reste invincible. » (Épît. viii.) Les juges demeu- rent étonnés et vaincus par tant de courage. Ils l'attribuent à je ne sais quel charme secret qui possède leurs victimes. Ils ont recours à la vaine science de la magie, pour chasser de leurs corps des esprits supérieurs à l'homme, et qui seuls, selon eux, peuvent leur inspirer tant de force et d'intrépidité. Les bourreaux, ravis d'admiration, essaient de s'approprier ce courage surhumain en le faisant passer dans leurs veines avec le sang encore chaud qu'ils viennent de répandre. Ils ne se trompaient pas entièrement; car ce n'était pas les martyrs qui souffraient, mais Jésus-Christ qui souffrait en eux, en les aidant, en les consolant, et quelquefois en absorbant les plus cuisantes douleurs dans des joies ineffables, en descendant avec les délices du ciel dans leurs âmes héroïques.

Souvent aussi les confesseurs étaient visités dans leurs prisons par des anges qui guérissaient leurs blessures. Des geôliers, qui la veille avaient vu les victimes sanglantes, mutilées et brisées par la torture, étaient tout étonnés de les voir, le lendemain, parfaitement saines et le corps net. Les martyrs, humbles et calmes, ne pouvaient alors que répondre, comme le Vénérable Chapdelaine, aux païens stupéfaits : «C'est le bon Dieu qui m'a pro-« tégé et béni.» Le ciel seul connaît les ineffables mystères qui se passèrent dans ces horribles cachots, où les saints et les anges vinrent parfois visiter les serviteurs de Dieu. Sans doute que souvent, après les célestes visions, ils s'écriaient avec sainte Agathe : « Je vous rends grâces, ô mon Seigneur « Jésus! de ce qu'il vous a plu vous souvenir de « moi, m'envoyant votre apôtre pour guérir mes « plaies, et renouveler mes membres.» Mais la santé et la vie ne leur étaient rendues que pour leur donner la force de supporter de nouveaux supplices.

Car les bourreaux n'étaient désarmés ni par le courage des confesseurs dans les tourments, ni par la puissance de Dieu, qui intervenait pour les guérir. Mais ils avaient beau s'acharner sur leurs

victimes, épier un moment de faiblesse, leur of-
frir un reste de vie au prix d'un mot, d'un signe
d'apostasie; vains efforts! ils frémissaient de se
voir vaincus par une puissance mystérieuse dont
ils ignoraient même le nom, la grâce du Dieu des
martyrs.

C'est cette même grâce qui a inspiré à tant de
confesseurs de tous les âges, de toutes les condi-
tions, l'intrépidité et la divine sagesse dans leurs
réponses aux magistrats. En présence des terribles
appareils de la torture, ils ne se troublent pas,
mais ils répondent modestement et avec calme
aux questions qu'on leur adresse. Si on leur demande de dénoncer leurs frères, de trahir la retraite des missionnaires, de livrer les objets de
religion, ils répondent simplement comme les
apôtres: « *Nous ne le pouvons pas.* » Si on veut
les forcer à fouler le Christ aux pieds, ils répondent en l'adorant, et en annonçant le dogme de
la Rédemption. Plusieurs ressemblent moins à
des accusés devant leur juge, qu'à des docteurs
qui enseignent dans la chaire, à des missionnaires
qui cherchent à mettre dans leur parti leurs juges
et leurs bourreaux. Admirable spectacle! et qui
nous rappelle celui que donna l'Église primitive
pendant quatre siècles! Alors, et au milieu d'une

société qui subissait en silence toutes les servitudes et toutes les hontes, les martyrs surent résister, malgré la majesté des Césars, à une autorité qui prétendait s'imposer aux âmes. Ces paroles qu'ils répétaient après les apôtres : « Il vaut mieux obéir à Dieu qu'aux hommes. » (Act. des apôt. ) furent les premières paroles d'affranchissement que le monde païen entendit ; ce cri de résistance devait rendre à l'homme, avec sa dignité, la plus précieuse de ses libertés, la plus inaliénable, et celle qui engendra toutes les autres. Or, ces mêmes paroles sont répétées, à l'heure qu'il est, à l'autre bout du monde. Elles y produiront, n'en doutons pas, les mêmes miracles de régénération, et là encore elles rachèteront l'homme deux fois, et pour le temps et pour l'éternité. Mais quel courage ne faut-il pas pour dire cette parole dans des pays où la tyrannie est adorée, où les tyrans sont infaillibles, où l'un des plus grands crimes, et des plus irrémissibles, est de dire que le roi s'est trompé. Ces protestations, qui sauvent les nations, ont été faites pourtant, non-seulement par des hommes instruits et élevés en dignité, mais par des hommes du peuple, des esclaves, des femmes, des enfants, que l'avenir regardera comme les régénérateurs de leur pays, et que nous pouvons regarder dès maintenant comme les premiers qui, en mourant, ont indiqué à leurs concitoyens le chemin du ciel. Là aussi les humbles de cœur ont prononcé les oracles de la sagesse. Les prodiges, qui ont étonné et confondu l'ancien paganisme du temps des Symphorien et des Hippolyte, des Catherine et des Blandine, se sont renouvelés devant les tribunaux de la Corée et de la Cochinchine ; les juges se sont trouvés réduits au silence et obligés de ne répondre que par la torture aux réflexions péremptoires d'accusés transformés en apôtres. D'autres fois ils ont laissé les confesseurs disserter sur la loi de Dieu, et les ont eux-mêmes écoutés avec respect, ne les interrompant que pour témoigner leur admiration, et applaudir à la sagesse des discours qu'ils entendaient, et à la vérité dont la première manifestation venait de briller à leurs yeux.

Tels ont été ces chrétiens, humbles de cœur, ignorants selon le monde, qui n'avaient d'autre science que celle promise par Notre Seigneur à ceux qui confesseraient son nom devant les hommes : « Quand ils vous traîneront devant les tri- « bunaux, ne vous inquiétez ni de ce que vous « direz, ni de la manière dont vous le direz. On « vous donnera en ce moment-là les paroles que

« vous devrez dire ; ce n'est pas vous qui par-
« lerez alors, c'est l'Esprit-Saint qui parlera en
« vous. »

Là aussi des pontifes vénérables, de saints prêtres armés de la croix, unique objet de leur amour
et leur unique espérance, ont affronté à la fois
toutes les misères et tous les périls. Ils ont vécu
dans les cavernes ou sur des montagnes inacces-
sibles, attendant le moment de Dieu ; et lorsqu'ils
ont cru que le sacrifice de leur vie pouvait être
utile, ils se sont livrés d'eux-mêmes pour le salut
de leur troupeau. Ils ont fait cela sans emphase
et comme la chose la plus simple du monde.

Un autre, dont je répète le nom avec amour dans
ce court aperçu, le Vénérable Bonnard, arrêté,
mis aux fers, console son évêque de ce qu'il va le
quitter, en échangeant la terre pour le ciel. Il est
vrai que Mgr Retord s'était plaint que son jeune
missionnaire se fût laissé prendre un peu étour-
diment, et avait, contre toutes les règles, pris la
place de son aîné dans la carrière du martyre.
On ne sait vraiment qu'admirer le plus, ou les
plaintes jalouses, le saint enthousiasme du grand
évêque, ou l'humilité, la candeur du jeune héros
qui s'excuse de la joie qu'il éprouve d'être martyr, et qui, avant de mourir, essuie les larmes

de regret et d'envie de son vieil évêque. Touchantes communications, à la veille et le lendemain du combat, entre le plus tendre des pères et le plus aimant des fils ! lettres admirables, que nous aurions voulu citer tout au long dans notre récit, mais qui resteront comme l'un des plus glorieux monuments de l'Église au dix-neuvième siècle.

Il est temps de finir cette introduction, déjà trop longue pour l'écrit que nous publions, mais trop courte pour l'expression des sentiments qui se pressent dans notre cœur à la vue de nos martyrs. Qu'il nous suffise d'avoir communiqué à nos lecteurs les principales réflexions que nous suggèrent tant de foi et de courage, et les espérances que nous fait concevoir, pour la diffusion du catholicisme dans l'extrême Orient, la semence féconde que nous y voyons répandue.

Un mot seulement sur les sources où nous avons puisé nos récits. Le lecteur sait peut-être que le souverain pontife Pie IX vient d'autoriser la poursuite du procès de béatification de quatre-vingt-quatorze serviteurs de Dieu mis à mort pour la foi dans la Corée, la Cochinchine, le Tong-king et la Chine [1]. Or, ce premier pas ne peut être fait

_______________
[1] Pie IX n'a fait que suivre en cela l'exemple de son prédé-

dans la voie de la béatification, que sur les con-
clusions d'un avocat, qui expose la cause devant
la sacrée Congrégation des rites. Ce plaidoyer de
l'avocat est toujours livré à l'impression. C'est là
que nous avons puisé nos récits. Or, quiconque
connaît la sévérité de la sacrée Congrégation sur
l'authenticité des documents, et la sage discré-
tion dont, par suite, doit user l'avocat dans le
choix des faits, n'aura aucune inquiétude au su-
jet de l'exactitude des faits renfermés dans l'écrit
que nous publions. Car nous nous sommes rigoureusement renfermés dans les limites que nous
traçaient les documents de la cour de Rome, et
presque toujours nous nous sommes contenté de
traduire le plaidoyer, ne faisant que relier les
différentes parties du récit, afin de présenter dans
un seul tableau l'ensemble des événements rela-
tifs à chaque pays. Quelques détails qui nous ont
paru moins importants ont été omis ; d'autres, en
petit nombre, ont été ajoutés ; mais nous nous
sommes fait une loi de ne les emprunter qu'à la
source même où a puisé l'avocat de la cause,
source dont il proclame et prouve la parfaite

cesseur Grégoire XVI, qui déjà avait autorisé l'ouverture du
procès de béatification de soixante-dix serviteurs de Dieu mar-
tyrisés dans différentes contrées de l'extrême Orient.

authenticité. Nous avons tâché de conserver dans la traduction le charme et la simplicité de l'original, et si nous avons quelque peu réussi, on croira lire quelques pages détachées des actes des martyrs de la primitive Église.

Puisse cet ouvrage contribuer à augmenter le zèle de nos confrères et consœurs de la Propagation de la Foi, et gagner quelques fidèles à l'œuvre éminemment catholique de notre temps. Peut-être aussi quelques-uns de nos confrères dans le sacerdoce et la cléricature, se sentiront-ils, en le lisant, animés du zèle des apôtres et du courage des martyrs. Peut-être sortira-t-il du sang des héros dont nous allons dire les combats, une secrète vertu qui leur inspirera le désir, non d'en verser pour les venger, mais d'y ajouter le leur, au besoin, pour achever d'engraisser les champs où doit s'étendre la sainte Église.

L'abbé Th. W****,
Des Missions Étrangères.

# LES MARTYRS

## DE

# L'EXTRÊME ORIENT.

## CHAPITRE PREMIER.

### MARTYRS DE CORÉE.

Il est peu d'histoires aussi intéressantes que celle de l'établissement du christianisme en Corée; et quoiqu'il ne nous appartienne pas de raconter les merveilleuses origines de cette Église naissante, nous ne pouvons cependant nous dispenser d'en dire quelques mots, qui nous conduiront à la persécution de 1839. C'est en 1720 seulement que la lumière de l'Évangile commença à luire dans ces pays lointains. Or voici quelle fut l'occasion de cet heureux événement. Vers cette époque, l'ambassadeur coréen auprès de l'empereur de Chine, envoyé selon la coutume à Pékin, en rapporta dans son pays des livres de religion que lui donnèrent les missionnaires français. Ces livres tombèrent entre les mains d'un noble personnage nommé Kang, qui, charmé de la doctrine qu'ils renfermaient, abjura le paganisme et se fit chrétien. Quand le nouvel ambassadeur partit pour Pékin, Kang le pria de prendre sur la religion des notions plus étendues. Y (c'était le nom de l'ambassadeur), accéda à ce pieux désir, se mit en rapport avec le P. Guislain, missionnaire lazariste établi à Pékin, eut avec lui plusieurs entretiens, à la suite desquels il embrassa la vraie religion, et se fit, à son retour dans sa patrie, l'apôtre de la bonne nouvelle qu'il venait de recevoir. Son zèle produisit d'heureux fruits, et quelques années lui suffirent pour réunir un petit troupeau de chrétiens fervents et assez forts pour subir les premiers assauts de la persécution. L'orage vint battre plusieurs fois le berceau de cette Église, sans pouvoir le submerger. Le sang coula à flots. On compta plus de huit cents martyrs dans l'espace de quarante années. Et cependant ces généreux chrétiens, presque complétement réduits à eux-mêmes, visités deux fois seulement par les missionnaires dans cet espace de temps, se multipliaient sous la hache du bourreau. L'Église de Corée, si vite éprouvée par la persécution, grandissait dans le sang. Elle comptait à peine cent chrétiens au moment de la première persécution; elle en comptait quatre mille le jour où les serviteurs de Dieu Maubant, Chastan et leur évêque Imbert arrivaient en ce pays.

Parmi tant de martyrs, nous ne pouvons choisir que ceux dont le procès est ouvert en cour de Rome, et qui tous ont subi la mort en la persécution de 1839. Nous nous bornerons à raconter l'histoire de cette dernière persécution, et nous commencerons par faire connaître les trois illustres pasteurs qui, par un bel exemple de dévouement et de courage, donnèrent leur vie pour leur troupeau. Dans ce récit, notre tâche sera facile, car nous n'aurons qu'à suivre pas à pas, en le traduisant le plus souvent à la lettre, l'exposé des faits présenté à la sacrée congrégation par l'avocat de la cause.

Pierre Maubant, Français d'origine, était remarquable par la rectitude de son jugement, la gravité de ses mœurs, son humilité et sa modestie, qualités qui le faisaient admirer de tous. Il passa d'Europe en Asie au péril de sa vie, et se dirigea immédiatement vers la Chine, où il rencontra Monseigneur Brugnière, premier évêque de l'Église coréenne. Il s'adjoignit à ce vertueux prélat, et partit avec lui pour la Corée. L'évêque succomba, épuisé par les fatigues de ce pénible voyage, avant d'entrer dans son vicariat. Pierre Maubant y entra seul en 1835. Il se mit à l'œuvre en arrivant, travaillant à faire fleurir les vertus chrétiennes sur cette terre inhospitalière. Quelques affaires étaient en souffrance, il y porta remède, et commença, marchant toujours à pied, la visite des provinces de ce vaste royaume. La faim, la soif, le froid, le réduisirent souvent à la dernière extrémité. Il instruisait les uns, affermissait les autres, faisait du bien à tous : le salut des âmes était sa préoccupation continuelle. Il cultiva si bien cette portion de la vigne du Seigneur, qu'elle produisit en peu d'années les fruits les plus abondants, à la grande admiration de tous.

En 1836, Jacques-Honoré Chastan se joignit à lui. Il sortait, comme Pierre Maubant, du séminaire des Missions étrangères de Paris. Il était si doux, si pieux, si plein du parfum des vertus sacerdotales, qu'on ne pouvait l'approcher sans respirer auprès de lui la bonne odeur de Jésus-Christ. Avide de se livrer au ministère apostolique, il partit pour les missions lointaines. Il descendit d'abord à Siam, puis traversa les immenses provinces de la Chine. Il est impossible de dire ce que l'apôtre zélé eut à souffrir dans ces pays. Il instruisait jour et nuit avec une ardeur infatigable, montrait à tous une grande bonté et une grande égalité d'âme. Les chrétiens trouvaient en lui l'amour d'un père et la tendresse d'une mère. Il se dépouilla souvent de ses vêtements pour couvrir les misérables ; sa charité s'étendait aux païens, et il revenait toujours les mains vides de ses courses apostoliques. Dans l'espace de trois ans, il parcourut trois fois quatre ou cinq provinces.

Laurent Imbert, le premier par la dignité, arrive en troisième lieu. Laurent naquit à Aix en Provence, en 1795. Il avait un cœur non moins sensible que généreux. Il n'avait pas encore accompli sa huitième année, qu'apprenant un jour de la bouche de son père que, faute de prêtres, des nations innombrables se perdaient pour toujours, « Oh ! « s'écria-t-il, moi aussi j'irai un jour dans « ces pays lointains prêcher la religion, et « sauver ces âmes qui tombent dans l'enfer. » Le temps ne diminua pas la charité si vive de l'enfant. Il accomplit avec succès le cours de ses études ; et à peine il était arrivé au sacerdoce que déjà il se consacrait tout entier à la conversion des infidèles.

Il se mit donc en mer à l'âge de vingt-cinq ans. Cinq ans après seulement, il entrait en

Chine. Une fois arrivé dans cet empire, il ne recula devant aucun travail qui pût servir à l'accroissement de l'Église. Et telle devint la renommée de sa sainteté, tel brilla l'éclat de ses vertus, que, douze ans après, il méritait d'être élevé au faîte du sacerdoce. Nommé évêque de Capse, revêtu de la dignité de vicaire apostolique de la Corée, il se mit aussitôt en route vers la capitale de ce royaume. Ce n'est qu'après un long voyage qu'il y arriva ; mais, à peine rendu sur cette terre, il s'y montra à tous tel qu'il convient à un ministre de Dieu. Assidu à l'oraison, il jeûnait trois fois la semaine. Opiniâtre au travail, il donnait tout son temps à la prédication de la parole divine et à l'administration des sacrements. Au milieu de toutes ses occupations, il avait pour tous une si grande charité, que chacun le chérissait comme la moitié de son âme.

Cultivé par ces trois ouvriers, non moins distingués par leur vertu que par l'ardeur de leur zèle, le champ du Seigneur ne pouvait manquer de produire des fruits abondants. Ceux qui étaient tombés furent relevés, les tièdes furent réchauffés, un grand nombre de païens reçurent le sacrement de la régénération; enfin, en 1839, l'Église coréenne, qui trois ans auparavant n'était composée que de quatre mille chrétiens, en comptait jusqu'à dix mille.

Mais tandis que les serviteurs de Dieu se réjouissaient des bénédictions que Dieu donnait à leurs travaux, tout à coup une tempête si cruelle et si terrible s'éleva, que l'Église de Corée sembla toucher à sa fin. Jamais on n'avait déployé contre les chrétiens plus de cruauté. L'imagination la plus inventive sembla s'être mise au service de l'enfer pour lui fournir les moyens d'étouffer l'Église coréenne dans son berceau. On ne conçoit rien, en effet, de plus affreux que les prisons où étaient ensevelis les prisonniers, et où ils pourrissaient tout vivants, que cette variété de tortures qui ensanglantaient leur corps et brisaient leurs os, et enfin le genre de mort où ils rendaient, au milieu d'atroces tourments, leur dernier souffle de vie.

Pour n'avoir pas à répéter, à chacun des martyrs qui se présenteront dans cette longue et glorieuse histoire, des détails qui fatigueraient le lecteur, nous allons présenter dans un seul tableau les souffrances qu'endurèrent avec tant de constance les serviteurs de Dieu, dont nous ne louerons jamais assez l'invincible courage.

Parlons d'abord de la prison où ils furent jetés en si grand nombre. C'est une vaste enceinte entourée de hautes murailles. Dans l'intérieur, d'étroites cellules y sont disposées par étages; une petite porte en permet l'entrée. Il n'y a point de fenêtre, et la lumière du jour n'y pénètre que faiblement. Le froid en hiver [1], et la chaleur en été y sont insupportables. Le sol en est couvert de nattes faites d'une paille grossière. Les chrétiens y étaient entassés de manière à n'avoir pas la place d'y étendre les jambes. Le sang et le pus qui sortaient de leurs plaies avaient bientôt pourri leurs nattes, et répandaient

[1] L'année où fut écrite cette relation, le thermomètre descendit, à Séoul, à 20 degrés Réaumur.

dans ces loges étroites une puanteur insup-
portable. Mais la faim, la faim surtout, fut
leur plus cruel supplice; quelques - uns
même, qui avaient triomphé de tous les autres, ne purent affronter celui-ci. On leur
donnait, deux fois par jour, du riz plein une
petite écuelle de la grosseur du poing. Ils
étaient réduits à dévorer la paille sur laquelle ils étaient étendus. Les puces, les
pous et les punaises y fourmillaient en telle
abondance qu'ils les prenaient à poignées,
et, chose qui fait horreur! ne dédaignaient
pas de s'en nourrir. Car ils s'imaginaient
que pour être martyr il fallait verser son
sang pour Jésus-Christ, et ils tâchaient de
prolonger leur vie même au prix d'un si
horrible remède, jusqu'à ce que vînt le
jour où devait s'achever leur sacrifice. Tel
était le lieu de douleur où l'on jetait les
confesseurs, après que l'on avait épuisé sur
leurs membres la variété des tortures que
nous allons esquisser successivement.

Entre tous, le supplice de *la table* tient le
premier rang.C'est une planchette de chêne

très-dur, d'un pouce et demi d'épaisseur,
large de trois pieds, longue de quatre, et
terminée à une de ses extrémités par une
espèce de manche. On fait coucher le patient sur le ventre, et un homme robuste,
saisissant l'instrument, frappe le gras des
cuisses. Le sang jaillit aussitôt, les chairs se
détachent et volent en lambeaux, les os se
découvrent, et l'instrument, en tombant sur
la victime, ne fait plus entendre qu'un son
horrible. Le patient, le bourreau et la terre
d'alentour sont couverts de sang et de lambeaux de chair.

Vient ensuite le supplice de *la verge*. Ce
sont trois verges tressées en forme de corde,
avec lesquelles on frappe cruellement le
patient dépouillé de ses vêtements.

Que dire du supplice des *longs bâtons?*
Quatre bourreaux, tenant en main chacun
un bâton de la hauteur d'un homme, entourent le patient et le frappent à la fois
avec l'extrémité de l'instrument sur les
hanches et sur les cuisses.

Le supplice de *la flexion des jambes* est

plus horrible encore. Il y a deux manières de l'infliger. Ou bien, on lie les deux gros doigts des pieds l'un contre l'autre et les deux jambes ensemble au-dessus du genou, puis on passe deux bâtons au milieu, et l'on tire peu à peu, jusqu'à ce que les os aient pris la forme d'un arc, puis on les relâche insensiblement. Ou bien, après avoir lié ensemble les deux pouces des pieds, on met un morceau de bois entre les jambes, et deux hommes, tirant chacun une corde attachée à chaque genou, les approchent peu à peu jusqu'à les faire toucher.

Le supplice de *la dislocation des bras* n'est pas moins douloureux. On amène les bras derrière le dos; on les joint fortement au-dessus du coude; ensuite, au moyen de deux cordes attachées à chaque bras, on approche les épaules l'une de l'autre. Quand les os sont ainsi déboîtés, un homme, appliquant le pied sur la poitrine du patient, tire ses bras vers lui pour les remettre à leur premier état.

Des confesseurs ont eu à subir un autre

genre de torture non moins terrible; c'est celle de *la friction des jambes*. Elle consiste à frotter le devant des jambes avec un bâton triangulaire, mais avec tant de force que bientôt la peau se détache, et le bois ne touche plus que l'os.

On usa aussi contre nos confesseurs du supplice de *la corde-scie*. On fait avec une corde le tour de la jambe, et deux hommes la prenant chacun par un bout, la tirent alternativement comme une scie, jusqu'à ce qu'elle arrive à l'os; après quoi, on recommence dans un autre endroit.

La seule pensée du *supplice de la suspension* fait frissonner d'horreur. On dépouille le patient de ses vêtements, on lui attache les mains derrière le dos, et on le suspend par les bras à l'aide d'une corde. Quatre bourreaux se jettent sur lui, et le frappent de verges avec fureur, jusqu'à ce que la victime, devenue livide et jetant de l'écume par la bouche, soit sur le point de rendre le dernier soupir.

Vient enfin le *supplice de la règle*. Quand

un chrétien a refusé de renier sa foi devant le premier tribunal, on le fait paraître devant le second, où il est soumis, d'après les lois du pays, à trois interrogatoires. Si le confesseur reste fidèle, il reçoit à chaque fois trente coups de règle sur le devant des jambes. La règle est une tablette longue de trois pieds, large de deux pouces, épaisse de quelques lignes. Il en faut trente pour chaque interrogatoire, parce que la loi ordonne de frapper avec tant de violence, qu'une règle doit se briser à chaque coup.

On comprend, qu'après de pareilles tortures, les confesseurs sont privés de l'usage de leurs membres. Étendus par terre, à demi morts, ils restent là jusqu'à ce que les bourreaux, les prenant sur deux bâtons, les emportent, bras et jambes pendants, et les rejettent dans leur noire prison, où ils attendent de nouvelles tortures.

La barbarie du dernier supplice répond à la cruauté des tourments dont nous venons de parler. A l'heure indiquée, un chariot arrive devant la porte de la prison. Au milieu du

chariot, une croix est dressée; en arrière, au pied de la croix, se trouve un petit escabeau. Le bourreau prend le confesseur sur ses épaules, le place sur l'escabeau, et l'attache à la croix par les cheveux et par les mains. Le char se dirige vers la porte occidentale de la ville, où se présente une pente rapide et escarpée. On tire l'escabeau de dessous les pieds du patient, et on aiguillonne les bœufs qui se précipitent. Le char étant secoué dans tous les sens, chacun peut comprendre quelles angoisses éprouve le patient attaché à la croix. On arrive enfin au lieu du supplice, et le bourreau achève son œuvre. Il détache la victime de la croix, la dépouille de ses vêtements, lui place la tête sur un morceau de bois, et la lui coupe de son glaive.

Nous pouvons maintenant entrer dans l'histoire de la persécution de 1839. A cette histoire se rattache le martyre de Pierre Y, qui, bien qu'emprisonné pour la foi, en 1834, ne mourut que dans le cours de l'année 1838. Pierre Y appartenait à une illustre famille de la Corée. Sa naissance ne put lui éviter les rigueurs injustes de la loi. Le juge l'exhorta vainement à abjurer sa foi : il ne put en obtenir un seul mot d'apostasie. Il prit alors un morceau de papier, sur lequel il écrivit une grande lettre, et, se tournant vers le généreux chrétien :

« Puisque tu as tant de difficulté pour prononcer un mot d'apostasie, crache sur cette lettre et déclare que tu ne veux plus être chrétien. »

Pierre répondit d'une voix ferme : « Abjurer la foi par un signe ou par un mot, c'est, à mes yeux, un même crime ; je ne puis obéir à l'ordre impie que vous me donnez. »

Le juge, enflammé de colère : « Je te ferai déchirer à coups de fouet, et la première plainte qui sortira de ta bouche sera pour moi un signe d'apostasie. »

Mais, chose qui tient du prodige, ce généreux confesseur, horriblement flagellé, frappé avec tant de violence, que les os de ses bras et de ses jambes sont disloqués, reste immobile comme s'il fût de bois, et ne laisse pas entendre le moindre soupir. Il est condamné à mort pour avoir confessé la religion perverse; car c'était là leur langage. On lui ordonne de signer de sa main la sentence. Pierre refuse, en disant : « Ma religion est sainte, la doctrine qu'elle enseigne est vraie, je ne puis attester qu'elle est fausse. » Et rien ne put l'amener à signer la sentence.

On le jeta ensuite dans un de ces cachots, dont nous avons parlé. Il y resta quatre ans, si heureux de souffrir, qu'aux supplices de la prison, il ajoutait encore les austérités d'un jeûne volontaire; sentant sa fin approcher, il s'écria : « J'ai désiré vivement que ma tête tombât sous le glaive, mais Dieu en dispose autrement : que sa sainte volonté soit faite ! »

A ces mots, il s'endormit paisiblement dans le Seigneur, à l'âge de trente-six ans. C'était en 1838.

Sept mois à peine après la mort de Pierre Y, éclata la cruelle persécution dont nous allons raconter les phases. La trahison d'un faux frère, nommé Mimiensan, en fut la première cause. La passion, qui fit de Judas un traître, causa la perte de Mimiensan. Ce malheureux, tourmenté par le désir de l'or, va trouver le chef des satellites sur la fin de l'année 1838, lui communique son infâme projet, reçoit le prix de sa trahison, et dénonce plusieurs chrétiens. Les suites de cette trahison furent lamentables. Les satellites, avides de saisir leur proie, envahissent les maisons désignées et s'emparent de plusieurs chrétiens.

Il faut remarquer parmi eux Pierre Koven et Rose Kim, qui furent interrogés le jour même de leur arrestation, et qui eurent la gloire de confesser les premiers la foi de Jésus-Christ. Le tyran demande à Pierre pourquoi il pratique la religion de Jésus. Pierre répond hardiment : « Dieu a créé le ciel et la terre, il est le père de tous les hommes, il les comble de tant de bienfaits, qu'ils ne pourront jamais, quoi qu'ils fassent, lui en rendre la dix-millième partie; c'est pour reconnaître tous ces bienfaits de Dieu, que je l'honore ; et je l'honorerai toujours, que vous le vouliez ou que vous ne le vouliez pas. »

Le tyran, transporté de colère, ordonne de le frapper avec force. Il lui commande ensuite de dénoncer les autres chrétiens ; mais Pierre, quoique brisé de coups, lui répond : « Ma religion me défend de nuire à mon prochain ; comment pourrais-je laisser échapper de mes lèvres une parole qui irait, comme un glaive, au cœur de mes frères ! »

Rien ne pouvant fléchir la constance de cet homme, le juge se tourne vers Rose : « Allons, lui dit-il, avant que je te fasse déchirer avec les instruments de supplice que tu vois, abjure ton Dieu, et dénonce les complices de ton crime. »

La joie brillait sur les traits de la servante du Seigneur. Elle répondit : « Je ne puis renier mon Dieu, ni dénoncer les chrétiens.

— Pourquoi ?

— Dieu est le créateur de tous les hommes, il aime la vertu et poursuit le vice ; il réserve à l'homme vertueux des récompenses éternelles, et aux méchants des supplices sans fin. Le renier est un crime, je dois m'en abstenir; nuire à mon prochain serait un mal, je ne puis le faire. N'insistez pas davantage, je suis prête à signer de mon sang les vérités que je vous déclare. »

Le juge, furieux, lui dit : « Ta religion est interdite par le roi. »

Et cette femme forte répondit : « J'appartiens à Dieu avant d'appartenir au roi. »

Le juge, plein de colère, la soumet à de cruelles tortures, puis la fait jeter, ainsi que Pierre, dans une noire prison, jusqu'au moment de leur mort.

Les païens ayant assouvi leur rage sur ces deux victimes, la paix semblait rendue à l'Église; mais, du mois de janvier au mois de mars, les satellites saisirent les époux Jean et Anne Pak, Marie Hieng, Barbe Y, Marie Oven, Magdeleine Han. La persécution recommença avec plus de fureur.

A cette nouvelle, l'infatigable évêque de la Corée, Laurent Imbert, persuadé que le devoir de sa charge l'appelle sur le théâtre du combat, et qu'il doit être là pour ranimer les chrétiens consternés, les fortifier par la réception des sacrements, les disposer au martyre, interrompt les visites pastorales, et se rend en hâte à Séoul, capitale de la Corée. Il n'y demeura pas oisif : voici dans quels termes il rend compte lui-même de ses travaux dans l'histoire qu'il nous a laissée de cette persécution :

« Je commençai, dit-il, l'administration « des fidèles de la ville au nombre de mille « environ, le premier dimanche de Carême, « 17 février, et poussai vigoureusement le « travail jusqu'au Jeudi saint. J'entendis à « peu près 550 confessions dans les divers « kong-so (c'est ainsi qu'on appelle les ora- « toires privés des fidèles). Malgré la pré- « caution de ne laiser venir les femmes que « de nuit, et de les renvoyer avant le jour, « deux fois les satellites s'aperçurent de nos « réunions, et se mirent en faction dans la « rue pour nous surprendre; mais je m'es- « quivais à travers les ténèbres, et tout ren- « trait dans l'ordre accoutumé. Jamais je « n'éprouvai tant de fatigues. Je me levais

« vers les deux heures et demie; à trois
« heures commençaient nos exercices, bap-
« têmes, confirmations, messe et commu-
« nions. Cela durait environ deux heures.
« Les vingt femmes qui avaient reçu les sa-
« crements se retiraient alors pour faire
« place à d'autres. »

L'évêque interrompit les exercices, durant
les jours de Pâques, dans la crainte bien
fondée que l'affluence des chrétiens ne le
trahît. Vaine précaution ! L'inquiétude des
chrétiens et leur empressement à se réunir
donna aux païens l'occasion de découvrir
les oratoires. Outre l'imprudence des chrétiens, il y eut une autre cause de ce grand
malheur. Un catéchumène, le mari de Ma-
deleine Han, qui avait été prise et jetée en
prison, ainsi que nous l'avons dit, mit tout
en œuvre pour déterminer sa femme à l'a-
postasie; mais cette sainte héroïne refusa
constamment. Son mari, furieux, va trouver
les satellites et leur dénonce tous les chrétiens, et toutes les maisons des chrétiens
qu'il connaît. Les soldats désiraient, avant

tout, s'enrichir de butin. Stimulés par l'appât du gain, voyant la proie certaine, ils se jettent à l'improviste, le 7 avril, sur les maisons dénoncées, et s'y livrent au pillage. La fuite n'étant pas possible, vingt chrétiens et plus sont saisis, entre autres Augustin Y avec sa femme Barbe, sa fille Agathe et son frère Jean-Baptiste; il faut citer aussi Damien Nam, sa femme Marie et ses enfants. Ils sont tous chargés de chaînes, et jetés dans une prison où gisaient, depuis trois ans, Agathe Y, Barbe Han et une autre Agathe, restes précieux des dernières persécutions.

Dans le même mois, Magdeleine Pak, Perpétue Kong, Bénédicte Hien, Anne Kim, Lucie Pak et Agathe Tsen, tombèrent sous la main des persécuteurs. Ajoutez six autres héroïnes, qui, poussées par une inspiration divine, se présentèrent aux soldats qui ravageaient la maison de Damien. Ce sont Magdeleine Y, ses deux filles Magdeleine et Barbe, sa sœur Thérèse, et deux vierges, Marthe et Lucie Kim.

Après ces arrestations diverses, le président du tribunal fit un rapport que le ministre Y présenta à la reine. Le rapporteur y exagère à dessein l'accroissement des chrétiens, met au nombre des sectes perverses la religion de Jésus-Christ, charge les chrétiens de calomnies infâmes, et termine en concluant qu'il faut déployer contre eux toute la rigueur des lois. Le succès répondit aux vœux des persécuteurs. La reine, très-zélée pour les superstitions païennes, s'imagina que si les chrétiens avaient de nouveau pullulé dans l'empire, c'était parce qu'en 1801 l'extermination n'avait pas été assez complète, et elle décréta qu'il fallait à présent non-seulement couper l'herbe, mais en arracher la racine. Elle ordonna donc d'organiser, dans les huit provinces, la visite domiciliaire, et ordonna d'appliquer la loi qui rend cinq familles responsables pour un seul individu. Dans la crainte que le premier ministre Y ne sévît point assez rigoureusement contre les chrétiens, elle confia cette affaire à un certain Tchao, qu'elle savait capable de tous les crimes.

Après la publication de cet édit, les juges déployèrent contre les chrétiens une cruauté incroyable, pour obéir aux ordres de la reine et extirper complétement la religion chrétienne de la Corée. Le lendemain de cette publication, on jeta dans une prison séparée les enfants de Damien et d'Augustin, entre lesquels était Agathe, âgée de quinze ans. On espérait que ces enfants, privés de la compagnie et des conseils de leurs parents, seraient amenés plus facilement à l'apostasie. Les persécuteurs firent d'inutiles efforts. Ces jeunes héros n'avaient plus le secours des hommes, mais Dieu les fortifia par sa grâce; ils restèrent inébranlables au milieu des tortures qu'ils subirent deux fois, et ils résistèrent avec courage aux horreurs de la faim. En vain les juges venaient leur dire faussement que leurs parents avaient obtenu leur liberté au prix de l'apostasie : « Qu'ils aient abjuré ou non, c'est leur affaire, répondirent-ils; pour nous, ah! nous ne pouvons renier

le Dieu que nous servons depuis notre enfance. »

Damien et Augustin étaient réservés à de
plus cruels supplices. Damien est traîné le
premier devant le tribunal. Ce chrétien,
noble d'origine, exerçait, depuis plusieurs
années, la charge de catéchiste. Le juge le
presse de renier sa foi, de révéler ses compagnons, et de veiller aux intérêts de sa famille.

Mais Damien proteste, en disant :

« Ma religion, que vous appelez étrangère, est de tous les temps et de tous les
lieux. Il y a huit ans que je la connais, et
que je la pratique : je ne la renierai jamais.
Quant à mes frères, je ne puis les dénoncer;
parmi les commandements de notre Dieu,
il en est un qui nous défend de nuire à notre
prochain. »

On prépare les tortures, et Damien s'é-
crie : « Faites-moi mourir dans les tourments, si vous le voulez, je n'ai qu'une parole à dire : je suis chrétien, et je le serai
jusqu'à la mort; vous n'obtiendrez jamais
de moi d'autre aveu. »

Le juge, irrité de cette confession généreuse, et voulant épouvanter, par le supplice
d'un seul, tous les chrétiens présents, ordonne de briser à coups de bâton les bras
et les jambes de cet indomptable athlète de
Jésus-Christ. Les bourreaux exécutèrent cet
ordre avec tant de barbarie, que Damien
tombe sans connaissance et presque sans
vie; mais le Dieu des martyrs, qui lui réser-
vait une plus belle couronne, et le destinait
à d'autres combats, lui rendit peu à peu ses
premières forces dans la prison.

Au supplice de Damien succéda celui
d'Augustin. On lui donna l'ordre d'abjurer
sa foi et de dénoncer les chrétiens. Augustin refuse, et aussitôt son corps est déchiré
de coups. Le généreux chrétien reste inébranlable. Le juge alors cherche à l'amol-
lir, en faisant appel à ses affections de père
et d'époux :

« Que tu comptes pour rien ta vie, à la
bonne heure; mais peux-tu n'avoir pas compassion de ta femme et de tes enfants? »

Le vaillant soldat de Jésus-Christ répond :

« J'aime ma femme et mes enfants, et c'est pour cela que je ne veux pas leur donner l'exemple de la faiblesse.

— Dis seulement une parole, répond le juge, et je te remets en liberté, toi, ta femme, ton frère et tes enfants, et, de plus, je te rends tous tes biens. »

Augustin comprime les émotions de son âme, et vainqueur dans le plus terrible des combats, celui de la tendresse paternelle, il s'écrie : « Ce que j'ai de plus cher au monde, c'est ma religion, j'aime mieux tout perdre que de la renier. » Le juge, voyant que rien ne pouvait vaincre la constance de ce héros, ordonne de le soumettre d'abord à la friction des jambes et de le broyer ensuite sous le supplice de la table, jusqu'à ce qu'il rende le dernier soupir. Les bourreaux exécutèrent cet ordre, mais avec tant de rage, que les membres du patient, déchirés, disloqués, brisés, volent en lambeaux sanglants. Le corps de la victime, le lieu du supplice, les bourreaux eux-mêmes en sont couverts. Les païens, accoutumés à des scènes cruelles, sont touchés de compassion, et saisis d'horreur à la vue d'un pareil spectacle, ils en détournent les yeux, et en secret, ils désavouent et réprouvent une si barbare exécution.

Les femmes vinrent ensuite dans l'arène, et leur combat fut aussi un triomphe, que le prélat, chargé de présenter la cause de nos martyrs, célèbre en empruntant les paroles de saint Augustin :

« Ici la couronne est plus belle, parce que le sexe est plus faible. On est ravi d'admiration quand on voit des femmes, infirmes en apparence, mais animées d'une âme virile, supporter sans faiblir le poids de si grandes souffrances. Femmes heureuses d'avoir choisi pour époux le divin Sauveur, qui leur communique une force supérieure à tous les assauts du démon ! Celui qui s'est montré faible pour elles, est le même qui se montre invincible en elles. » (*Serm.* 281.)

Les premières qui méritèrent cet éloge sont les deux sœurs Thérèse et Magdeleine Y, qui se livrèrent aux persécuteurs, en même temps que Magdeleine et Barbe, filles de Magdeleine Y. Le juge leur demandant si elles croyaient que la foi en Jésus-Christ fût vraie :

« Certainement, répondirent-elles d'une seule voix; si nous avions le moindre doute sur ce point, nous ne serions pas en votre présence aujourd'hui.

— Soit, répond le juge, mais il est important pour vous de la renier, et de livrer les hommes qui l'enseignent.

— Nous aimons mieux mourir, disent les deux héroïnes, que de renier notre Dieu. »

Cette réponse magnanime leur valut des tortures. On les soumit au supplice de la flexion des jambes. Le juge revint à la charge.

« Eh bien, les souffrances que vous venez d'endurer ne pourront-elles pas vous réveiller de votre léthargie? »

Ces deux saintes femmes, toujours munies d'une force divine, répondent : « Ne nous exhortez pas davantage à l'apostasie, vous perdez votre temps; si nous nous sommes livrées entre vos mains, c'est pour rendre témoignage à Jésus-Christ, et vous voulez que nous le reniions ! Non, non, désabusez-vous ; un vrai chrétien sait vivre et mourir pour son Dieu. Si les lois du pays nous condamnent à la mort, nous mourrons, mais quant à renier notre religion, jamais !

— Vous la croyez donc vraie ?

— Oui, nous la croyons vraie, nous adorons Dieu, et nous sommes prêtes à verser notre sang pour lui. »

A cette généreuse confession, le juge, plus irrité, les soumet au supplice répété de la contorsion des jambes, les fait battre de verges, et jeter ensuite dans une obscure et infecte prison.

Un supplice plus barbare encore, s'il est possible, attendait Lucie Pack. Lucie Pack, femme d'une grande beauté et d'une noble naissance, était auparavant dame d'honneur de la reine. Elle embrassa la religion de Jésus-Christ, laissa l'opulence de la cour, les douceurs de la maison paternelle, et se retira chez Agathe Tsen ; elle était cachée dans un réduit obscur, mais elle brillait par la pratique de toutes les vertus qui doivent faire l'ornement des femmes chrétiennes. C'est de là qu'elle fut conduite au tribunal. Le juge, en la voyant, lui dit avec douceur :

« Vous n'êtes pas une personne du vulgaire ; comment pouvez-vous pratiquer une religion si méprisable ? »

Lucie répondit : « Notre religion n'est nullement méprisable. Notre Dieu a créé le ciel et la terre et tout ce qu'ils contiennent ; tous les hommes lui doivent la vie, et par conséquent la louange et l'adoration. »

Le juge, impatient, lui dit d'une voix rude : « Renie cette religion étrangère, et dénonce les complices de ton crime. »

Cette noble femme répondit : « Ce Dieu est mon créateur et mon père, je ne puis le renier ; il me défend de nuire à mes frères, je ne puis les dénoncer. »

A ces paroles, le juge ne contient plus sa fureur ; il ordonne de la soumettre d'abord, elle et sa compagne, au supplice de la flexion des jambes, puis il les fait déchirer de coups. Le bourreau exécuta ces ordres avec tant de barbarie, qu'il leur rompit complétement les jambes. Nos deux saintes héroïnes restaient calmes et sereines : on voyait la joie briller dans leurs traits, et on les entendait répéter les doux noms de *Jésus* et de *Marie*. Elles ne disaient rien autre chose : seulement Lucie, près de partir pour le supplice, ajouta cette parole remarquable : « Je commence maintenant à comprendre les souffrances de Jésus et de Marie, sa sainte mère ; jusqu'à présent je ne m'en étais pas formé une idée convenable. »

Dieu, protecteur de l'innocence, donna ici une marque sensible de sa puissance. Ces deux saintes héroïnes dont on avait déchiré, disloqué les membres, et qu'on avait jetées presque sans vie dans les fers, se trouvèrent miraculeusement guéries le lendemain et si bien portantes, qu'elles paraissaient n'avoir rien souffert. Les gardes virent dans ce prodige une intervention surnaturelle, le juge ne voulut y voir que l'influence de la magie, tant est vrai ce mot de l'Évangile : « Quand même un des morts ressusciterait, ils ne croiraient pas. »

Après ces cruelles tortures, on sévit avec moins de férocité durant quelques jours contre les confesseurs de Jésus-Christ. Il y eut cependant une barbare exception pour l'épouse de Damien Nam, on lui cassa aussi les jambes à coups de bâton.

Ces glorieux martyrs mettaient à néant toutes les calomnies des païens contre la religion. En se disposant à mourir pour elle, ils la faisaient briller, dans leurs paroles inspirées par l'esprit de Dieu, avec tant d'éclat, que les juges en étaient dans l'admiration. Quand on leur objectait les ordres du roi, pour les déterminer à l'apostasie, ils se bornaient à répondre qu'il fallait obéir à Dieu plutôt qu'aux hommes. Et cette apologie de la religion chrétienne, de la pureté de sa doctrine, de la sainteté de sa morale, était accompagnée d'arguments si forts, de preuves si convaincantes, de comparaisons si frappantes et si belles, que les juges ne pouvaient s'empêcher d'approuver ces discours et même d'y applaudir. « Oh ! tu dis vrai, tu as raison ! » Les malheureux laissaient les ténèbres de la superstition étouffer le rayon de lumière qui leur était donné d'en haut, et ils ajoutaient : « Mais vous n'en savez pas plus que le roi et les mandarins. »

L'histoire de Lucie Kim nous fournit un exemple frappant d'aveux involontaires arrachés à la vérité condamnée par un juge inique et faible. Cette héroïne est amenée au prétoire :

« Comment se fait-il que vous pratiquiez la religion chrétienne, vous qui êtes si bien favorisée des dons de la nature?

— Je la crois vraie, et c'est pourquoi je la pratique.

— Reniez-la et vous conserverez la vie.

— Je ne le puis.

— Si je vous fais battre de verges, si je vous fais déchirer le corps, est-ce que vous ne la renierez pas?

—Quand je devrais mourir sous les coups, j'adore Dieu, et je ne puis le renier.

— Dites-moi la raison pour laquelle vous ne pouvez le renier.

— Dieu a créé le ciel et la terre, les anges et les hommes, il gouverne tout par sa providence; il est le roi et le père du genre humain, il récompensera les bons, il punira les méchants, voilà pourquoi je ne puis le renier.

— Qui vous a instruite de votre religion, et depuis combien de temps la pratiquez-vous?

— Dès mon enfance, ma mère m'a parlé de Dieu et m'a appris à l'aimer.

— Vous connaissez les chrétiens: indiquez-moi leurs maisons.

— Je ne puis nuire à mes bienfaiteurs; ma religion me défend l'homicide.

— Pourquoi ne prenez-vous pas un mari?

— Je n'ai que vingt ans, il n'en est pas encore temps; et puis, il ne convient pas de parler de noces à un enfant.

— Vous avez raison.

— Il est parlé de l'âme dans vos livres…. Qu'est-ce que l'âme?

— L'âme est une substance spirituelle, que les yeux du corps ne peuvent apercevoir.

— Où se trouve-t-elle?

— L'âme est dans tout le corps; c'est elle qui le fait mouvoir; elle est le principe de la vie; si vous séparez l'âme du corps, le corps reste immobile.

— Vous ne craignez donc pas la mort?

— Je crains la mort, et j'aime la vie; mais, pour mon Dieu, je ferai volontiers le sacrifice de ma vie, et je me livrerai sans regret à la mort.

— Avez-vous jamais vu Dieu?

— Je le vois dans ses œuvres; je crois à son existence. Ce vaste univers, et l'ordre qui y règne m'indiquent assez qu'il en est l'auteur. Les peuples de la province n'ont jamais vu le roi, et cependant ils croient qu'il existe.

— Oh! tu as raison; mais en sais-tu plus que le roi et les mandarins?

— Ma religion est si belle et si vraie, que si le roi et les ministres voulaient bien l'examiner, ils l'embrasseraient tout de suite, et avec joie.

— Oh ! tu as encore raison. »

Peut-il y avoir confession plus éclatante, sagesse plus admirable, courage plus invincible? Qui ne serait ému en contemplant cette jeune héroïne devant ses juges? Quelle noblesse, quelle suavité dans ses discours! Ses grâces pudiques, sa confiance ingénue, mêlent à la gravité de ses paroles je ne sais quel charme qui plaît et qui sourit. Quoique nous n'ayons jamais vu cette jeune et chaste vierge, son image nous inspire le respect et la plus affectueuse admiration. Le tyran lui-même est subjugué par l'ascendant qu'elle exerce; il se rend, vaincu par la puissance et le charme de sa parole, et ravi, lui aussi, d'admiration, il ne peut s'empêcher d'applaudir à ses discours.

Ainsi combattirent ces chrétiens héroïques de la Corée. Quarante d'entre eux, condamnés à mort, espéraient mettre le sceau à leur victoire sur la fin du mois d'avril. Les uns étaient de ceux dont nous avons parlé plus haut; les noms des autres ne nous ont pas été transmis. En parcourant cette liste funèbre, la reine et ses ministres furent frappés de stupeur. Ils avaient espéré que tous, ou du moins la plupart, auraient renié la religion. Trompés dans leur espoir, et sachant que mettre à mort ces généreux chrétiens, c'était accéder à leurs désirs, ils décidèrent qu'on les soumettrait à de nouvelles tortures, mais plus cruelles, et qu'on renverrait ceux qui survivraient à cette nouvelle épreuve.

Les bourreaux se remettent à l'œuvre aussitôt, s'acharnant avec une barbarie sauvage, principalement sur ceux qui avaient moins souffert dans les précédents interrogatoires. Augustin, dont nous avons déjà parlé, était de ce nombre; il fut si maltraité, que ses jambes se rompirent sous les coups de bâton.

C'est en vain que le combat fut recommencé contre ces généreux confesseurs. Fortifiés par la force même de Dieu, ils demeuraient inébranlables et paraissaient même inondés d'une joie céleste au milieu de leurs tortures. La reine fut encore une fois trompée dans son attente, et les efforts des bourreaux restèrent inutiles. Le juge, voyant que ni la souffrance ni la ruse ne pouvait vaincre la fermeté de ces chrétiens courageux, lassé d'ailleurs de torturer ainsi, chaque jour depuis un mois, des innocents, prit une résolution inouïe jusqu'alors, mais qui témoigne de sa profonde perversité. Il déchaîne contre nos confesseurs les prisonniers païens, avec ordre de les molester sans relâche et de les accabler d'injures et de coups. L'esprit est saisi d'horreur à la seule pensée des outrages inventés par cette bande de scélérats ameutés contre nos chrétiens. Nous ne dirons qu'une chose : ces tortures, non moins infâmes que cruelles, et qui n'avaient d'interruption ni jour ni nuit, fatiguèrent le courage de cinq infortunés qui ternirent la gloire de leurs premiers combats par une déplorable apostasie.

L'héroïsme de cinq chrétiens nouvellement arrêtés eut bientôt réparé la honte de cette triste défection. Parmi eux se trouvaient deux sœurs, Colombe et Agnès Kim,

noms désormais illustres de l'Église de Corée, et auxquels nous devons nous arrêter
un instant.

Agnès était âgée de 24 ans, Colombe en
avait 26. La pudeur virginale brillait dans
les deux sœurs, mais Colombe paraissait encore plus timide et plus réservée qu'Agnès.
On les saisit chez elles, le 3 du mois de mai,
et on les conduisit au tribunal. Le juge, s'a-
dressant à l'aînée, lui dit :

« Vous croyez donc que la religion du
Seigneur du ciel est vraie?

— Oui, répondit Colombe, et c'est pour
cela que je la pratique.

— Pourquoi, dit le juge, n'avez-vous pas
encore fait choix d'un époux? »

La jeune fille, qui avait fait vœu de virginité, répondit avec une noble simplicité :
« Notre Dieu aime la pureté du corps et de
l'âme, je veux l'honorer en conservant l'une
et l'autre. »

Le juge irrité : « Reniez votre foi sur le
champ ; dénoncez vos complices, remettez-
moi vos livres. »

Agnès et Colombe répondent de concert :
« Nous n'abandonnerons jamais notre Dieu.
Nous ne pouvons dénoncer les chrétiens,
parce que vous les mettez à mort ; nous ne
pouvons vous donner nos livres, parce que
vous les brûlez. »

Le juge, enflammé de colère, les fait battre à coups de bâton, et s'adressant à Colombe pendant l'exécution : « Si tu ne veux
obéir, je te fais expirer sous les coups.

— Comme il vous plaira, répondit Colombe, mais je ne ferai rien de ce que vous
m'ordonnez. »

Le juge, voyant que rien ne pouvait vaincre
le courage de ces jeunes héroïnes, les fait
jeter dans une affreuse prison. Colombe, la
plus belle des deux, est dépouillée de ses vêtements, et on l'abandonne à la brutalité
sauvage des forçats qui étaient là renfermés.

Mais le céleste époux des âmes vint à son
secours. Autrefois il députa les anges et
lança la foudre pour défendre Agnès, vierge
romaine, célèbre encore aujourd'hui par les
prodiges qui éclatèrent en sa faveur. Par un

prodige à peu près semblable, il couvrit
Colombe de sa grâce comme d'un vêtement,
et il l'arma d'une puissance surhumaine, et
la rendit plus forte que la troupe de scélérats qui l'assiégeaient. Les satellites, obéis-
sant, non aux ordres du tyran, mais à la
rage de l'enfer, se déchaînèrent eux-mêmes
contre nos deux chastes héroïnes, et se livrèrent contre elles à des cruautés de leur
façon. Il n'est guère d'outrage et de torture
qu'ils ne prodiguèrent à Colombe et à sa
sœur. Ils les dépouillent de leurs vêtements,
puis ils les frappent, les déchirent à coups
de verge, et se font une joie de percer, jusqu'à douze fois, d'un fer rouge le corps vir-
ginal de Colombe. Cependant, quinze jours
après, Colombe se trouvant complétement
guérie, et ne portant même plus aucune
trace des coups qu'elle avait reçus, les satellites la reconduisirent devant le tribunal.
Le juge attribua aux artifices du démon le
prodige que Dieu venait d'opérer en faveur
de sa servante. Il fait venir un magicien,
et lui ordonne de délivrer cette accusée

par le secours de son art. Le magicien se met à l'œuvre, et, ne trouvant pas d'autre moyen dans sa fausse science, il la perce d'un dard.

« Quel mal vous avons-nous fait? s'écrie Colombe ainsi torturée. Qu'y a-t-il de si mauvais dans notre religion pour nous soumettre à de si cruels tourments?

— Vous n'honorez pas les ancêtres, vous ne leur offrez pas les mets prescrits par les rites.

— Vos rites, répond Colombe, sont de vaines observances; l'âme séparée du corps n'a plus besoin de nourriture. »

Rien ne pouvant vaincre la constance de notre héroïne, le juge la renvoya, ainsi que sa sœur, au tribunal suprême. Le président de ce tribunal lui ayant demandé si un homme qui refuse d'embrasser la religion chrétienne, ne pouvait être saint :

« Non, répondit la servante de Dieu, cela n'est pas possible.

— Confucius et Monze ne sont-ils pas des saints?

— Si Confucius et Monze ont connu Dieu et s'ils l'ont adoré, ils sont saints; s'ils ne l'ont pas fait, ils sont réprouvés. »

Ici Colombe, en vierge prudente et pleine de sollicitude pour la pudeur des autres vierges, qui pourraient, comme elle, tomber entre les mains des satellites, résolut de se plaindre des outrages auxquels on l'avait soumise, pour empêcher à l'avenir ces scènes d'horreur. Afin de se concilier la faveur du juge, elle lui dit d'une voix modeste et respectueuse :

« Les mandarins sont les pères du peuple; ils accueillent favorablement les prières qui leur sont faites; me serait-il permis de vous adresser une prière, ô juge? »

Le juge lui dit : « Parle.

— Si les lois condamnent les chrétiens à la mort, je suis prête à mourir : mais pourquoi me fait-on subir des peines qui ne sont pas déterminées par la loi ! Dans l'autre tribunal j'ai été dépouillée de mes vêtements, et, suspendue au milieu de huées indécentes, on m'a percé le corps d'un fer rouge. La loi permet-elle d'outrager ainsi la pudeur? »

Comme elle persévérait à confesser sa foi, le juge ordonna de la jeter en prison; mais, en même temps, il fit punir ceux qui avaient outragé sa pudeur.

Ainsi que nous l'avons déjà dit, avec Colombe et sa sœur Agnès, la compagne de ses souffrances, et les autres chrétiens pris en dernier lieu, les confesseurs de la foi étaient au nombre de quarante. Comme ils sortirent vainqueurs du second combat que la reine ordonna de leur livrer, on les condamna de nouveau à mort, et le 10 du mois de mai, la sentence fut présentée à l'approbation de la reine.

Après en avoir longtemps délibéré avec ses ministres, la reine, femme opiniâtre dans ses desseins, et voulant à tout prix ébranler la constance des martyrs, rejeta la sentence de mort prononcée par les juges contre les chrétiens, et décida qu'ils seraient soumis à une troisième épreuve. Or, au moment même où les tortures allaient recommencer avec plus de fureur que jamais, un exemple frappant vint consoler les fidèles d'une déplorable défection, et prouver à tous l'amour des Coréens pour la religion.

Protais, saisi dès le commencement de la persécution, avait abjuré sa foi en présence des tourments, vaincu en partie par les caresses des juges, en partie par l'aspect des supplices qu'on lui préparait. Mais ce chrétien qui avait fui à l'approche du combat, fut aussitôt tourmenté par de grands remords, au point qu'il passa trois nuits sans dormir, et trois jours sans prendre aucune nourriture, pleurant amèrement son crime. Il prend la résolution de retourner au tribunal pour réparer la honte de sa chute par une confession généreuse. Le soldat de garde l'arrête au passage en lui demandant où il voulait aller.

« Je viens réparer le crime que j'ai commis, dit l'humble serviteur de Dieu, j'ai apostasié ; je m'en repens et je viens l'annoncer au mandarin.

—Insensé, dit le soldat en le repoussant,

es-tu fou? C'est une affaire terminée; re-tire-toi, va-t'en chez toi. »

Protais, repoussé, revint à la charge le jour suivant; chassé de nouveau, il revint une troisième fois. Toujours repoussé et perdant l'espoir d'entrer dans le tribunal, il inventa un autre moyen pour faire connaître sa résolution. Il se place dans la rue devant le prétoire, et il attend la sortie du juge. Dès qu'il le voit, il court à lui, il se prosterne à ses genoux, versant des larmes, et disant :

« J'ai péché, et ma bouche a proféré une parole que mon cœur réprouvait. Je m'en repens; je suis chrétien, je veux l'être toujours.

— Retire-toi, dit le juge en continuant sa route, je ne te crois pas. »

Le serviteur de Dieu, trompé dans son attente, s'attache aux pas du juge, en s'écriant : « Je suis chrétien, je veux mourir chrétien. »

Le juge, fatigué de ses cris, se retourna et lui dit : « Dis-tu vrai? Est-ce de bon cœur?

« — Oui, certainement.

« — Eh bien ! va en prison. » Puis il ajouta : « Quelle race maudite ! on ne peut s'en défaire. »

Protais obéit plein de joie, et il est jeté dans la prison même où il avait abjuré la foi. Le 20 du même mois, il comparut devant le tribunal, et fut roué de coups de bâton. Il en reçut quinze de ceux qu'on appelle mortels; car les Coréens ont la cruelle adresse de frapper à mort ou à vie. La nuit suivante il expira martyr de sa foi aussi bien que de son repentir.

Cependant les païens se plaignaient hautement des lenteurs de la reine. « Pourquoi « tant différer l'exécution du supplice ? Que « veut la reine ? que veut le conseil ? On s'é- « tonne de tous ces délais. La circonstance « réclame des supplices prompts et cruels. « Il faut n'épargner personne. On a donné « assez de temps au repentir. Tous les « moyens employés jusqu'aujourd'hui sont « restés inutiles. Si l'on ne déploie les der- « nières rigueurs contre le christianisme,

« cette peste s'étendra encore davantage. »

Les juges savaient bien que ni les tourments ni les menaces n'avaient d'action sur les chrétiens; aussi nous les voyons recourir à des caresses, à des prières même pour essayer de fléchir la constance des martyrs :

« Un seul mot d'obéissance au roi ne peut être un si grand crime. Les autres criminels nous demandent la vie, et ici, par un étrange renversement, c'est nous qui vous demandons de l'accepter. »

Vains efforts! aux caresses, aux prières des juges, tous répondent avec respect, sans trouble, mais avec un invincible courage : « Nous sommes chrétiens, et nous voulons demeurer chrétiens jusqu'à notre dernier soupir. »

Un d'entre eux, Augustin Y, demanda au mandarin de vouloir bien lui ramener ses enfants, parce que, disait-il, séparés de leur père, ils étaient plus exposés à céder et à renier la religion.

Le juge lui dit : « Non-seulement je consens à ta demande, mais je veux même rendre la liberté à tes enfants et à ta femme sans les faire apostasier, à une condition toutefois, c'est que tu apostasieras toi-même.

— Je ne puis, répond le généreux confesseur, je ne puis. » Et il est condamné à mort pour la troisième fois.

Le sort d'Augustin fut partagé par Damien Nam, Pierre Koven et Louis Pak, dont nous avons rapporté plus haut l'histoire. On leur associa les cinq héroïnes dont les noms suivent : Agathe Kim, Barbe Hau, Anne Pak, Marie Hieng et Agathe Y. La sentence de ces généreux confesseurs, soumise pour la troisième fois à l'approbation de la cour, fut enfin confirmée et fut mise à exécution selon les cérémonies cruelles usitées en ce pays, et que nous avons décrites plus haut.

Soit avant, soit après la mort de ces martyrs on arrêta quelques autres chrétiens, entre autres : Sébastien Nam, Barbe Tso, Pierre Tshoi, sa femme Magdeleine Lou et sa fille Barbe. Les satellites, obligés de rendre aux chrétiens apostats les biens qu'ils

leur avaient enlevés, étaient irrités d'un secret dépit qui les porta aux dernières extrémités à l'égard des prisonniers qui restaient; ils déchargèrent sur eux toute leur
fureur. Ils en soumirent plusieurs à la flagellation, mais avec tant de cruauté que
plusieurs expirèrent dans le supplice. Cinq
chrétiens de la province de Huen-Lo, condamnés à mort depuis dix ans, furent frappés de la hache à la même époque, et ils
échangèrent les tourments d'une longue
captivité pour les joies de la céleste patrie.

Ajoutons qu'une fièvre maligne envahit
la prison où les chrétiens étaient entassés.
Plusieurs succombèrent à la maladie, entre
autres Barbe Kim. Quoique arrêtée depuis
peu de temps, elle avait déjà été soumise à
de cruelles tortures pour Jésus-Christ. Elle
acheva son martyre dans les souffrances que
lui fit endurer la fièvre jointe aux horreurs
de la prison.

Nous ne saurions omettre la généreuse confession de Joseph Tsang. Telle était la délicatesse de sa conscience, qu'il avait renoncé,

quoique pauvre, à son petit négoce, pour n'avoir plus l'occasion de mentir. Quand sa femme et ses deux filles s'en plaignaient, il leur répondait : «Avec mon négoce, je puis, il est vrai, gagner les vêtements qui nous couvrent, mais ce négoce est pour moi une occasion de ruine; j'aime mieux perdre mon moyen d'existence que de le conserver au prix de ma conscience. »

Ce vertueux chrétien brûlait du désir de verser son sang pour Jésus-Christ, et peu s'en fallut qu'il ne se livrât lui-même aux mandarins. Il fut pris dans le mois de juin, à sa grande satisfaction, et on le jeta dans un coin obscur de la prison. Il resta là plusieurs jours, et comme personne ne le tourmentait, il s'imagina que les satellites l'avaient oublié : «Je suis chrétien, s'écria-t-il, d'où vient qu'on me laisse de côté? Pourquoi ne suis-je pas interrogé? pourquoi ne suis-je pas frappé? »

Les bourreaux, l'entendant, disaient : «Il est dans le délire.

— Je suis sain d'esprit; je suis chrétien,

vous dis-je, et je suis venu ici pour souffrir et pour mourir. »

On le traîna au tribunal, où il confessa généreusement Jésus-Christ : ce qui lui valut les tortures qu'il désirait tant ; mais on le frappa si cruellement qu'il expira presque immédiatement après le supplice.

Ces drames sanglants et funèbres furent suivis d'une trêve qui devait durer peu. Le président du tribunal et son premier assistant, fatigués de torturer des innocents, donnèrent leur démission et se retirèrent. Mais le président, que les remords de sa conscience avaient forcé de se démettre de sa charge, fut remplacé par un monstre sans pitié qui, se conformant en tout aux ordres de la reine, ne négligea rien, ni les interrogatoires, ni la barbarie des supplices, pour déterminer les infortunés chrétiens à l'apostasie. Un acte du conseil royal aiguillonna encore sa fureur. Ce conseil, présidé par la reine, publia un édit qui reprochait au chef des satellites et au grand juge du tribunal de travailler avec trop de modération et de lenteur à l'extermination des chrétiens. On leur ordonnait d'apporter plus d'activité dans les recherches, plus de zèle dans les tortures, et plus d'empressement dans l'exécution des sentences de mort. On les avertissait de veiller sur eux, parce que la moindre tergiversation les ferait passer pour traîtres aux intérêts de l'État.

La persécution continua de sévir avec un redoublement de cruauté. Dans la matinée du 20 juillet, huit victimes, dont les noms suivent, périrent par le glaive, couronnant ainsi leur généreuse confession par un glorieux martyre.

Ce fut d'abord Jean-Baptiste Y. Baptisé depuis dix ans, il avait toujours fait preuve d'une rare vertu; aussi fut-il envoyé deux fois à Pékin pour les intérêts de la religion dans son pays. Depuis son baptême, il s'était constamment abstenu de viande. Il fut saisi, comme nous l'avons dit, et livré à la torture en même temps que son frère Augustin. Rendu miraculeusement à la santé par un bienfait de la toute-puissance divine, il fut enfin mis à mort par le glaive, et il échangea les peines de cette misérable vie pour les délices de la gloire immortelle.

Magdeleine Y et sa tante Thérèse subirent la même mort. Nous avons dit plus haut qu'elles s'étaient livrées d'elles-mêmes aux persécuteurs ; nous avons aussi raconté leur courageuse confession et leur patience héroïque dans les tourments.

Viennent ensuite Rose et Marthe Kim. La première brûlait de zèle pour la conversion des païens. Après avoir converti sa famille à la foi, elle fut prise, et elle montra dans ses réponses au tyran un courage invincible. Marthe, qui s'était livrée d'elle-même, subit cinq fois le supplice de la torsion des jambes. Elle était âgée de 24 ans. Elle fut mise à mort le même jour que Rose, et obtint en même temps qu'elle la couronne immortelle.

En sixième lieu se présente Anne Kim. Prise avec les deux frères Augustin et Jean Y, elle fut soumise en même temps qu'eux à la question, et elle supporta une autre fois la torture, en même temps que Jean, l'un des deux frères dont nous venons de parler.

Vient ensuite Lucie Kim, dont nous avons rapporté les glorieux combats contre les persécuteurs. Elle supporta courageusement de cruelles tortures; elle resta supérieure aux caresses et aux tourments, et elle acheva enfin son martyre en tombant avec les autres sous le glaive du bourreau.

Barbe Y, que nous nommons la dernière, est cependant la première par la gloire qu'elle s'est acquise en combattant pour Jésus-Christ. A peine âgée de 14 ans, elle s'était livrée aux mains des persécuteurs. Insensible aux caresses, invincible dans les tourments, elle demeura ferme et inébranlable dans sa foi; ses juges, quoique ravis d'admiration, en voyant un si grand courage dans une si jeune enfant, la condamnèrent cependant à la prison. Là elle but le calice amer jusqu'à la lie. Enfin, elle fut étranglée, et son âme s'envola au séjour de la gloire éternelle.

Tant de sang versé ne fit qu'irriter la soif

des bourreaux. Ils se remirent à l'œuvre avec une nouvelle ardeur, et bientôt de nouvelles et nombreuses victimes furent arrêtées et jetées dans les prisons : citons Charles Tchao, chrétien zélé pour les intérêts de l'Église coréenne, sa femme et ses enfants dont l'un était encore à la mamelle; Cécile Ting et ses deux enfants, Paul et Élisabeth, ainsi que sa servante Thérèse Kim, les deux frères Pierre et Paul Kong, André Tseng et Augustin Liou, préfet d'un rang supérieur. Pierre, fils de ce dernier, jaloux de marcher sur les traces de son père, le rejoignit bientôt, en se livrant aux mains des persécuteurs.

Ces arrestations particulières et multipliées ne répondaient pas à la fureur des ennemis du nom chrétien. Les satellites fondent à l'improviste, le 30 juillet, sur un village voisin de la capitale, nommé Souvizance, et l'envahissent; ils y bouleversent tout de fond en comble et y font plus de soixante prisonniers. Parmi les confesseurs arrêtés au village de Souvizance, était François

Tshoez auquel nous nous arrêterons quelques instants. Ce n'était pas la première fois que François avait l'honneur d'être mis aux fers pour le nom de Jésus-Christ. Arrêté dès ses plus jeunes années, et jeté en prison, il fut délivré par l'intervention de quelques amis. Sa vertu, qui jetait un grand éclat, le fit choisir comme catéchiste ; il fut élevé à cette dignité à l'unanimité des suffrages.

François Tshoez, voyant venir à lui les satellites de grand matin, les attendit d'un visage calme et leur dit : « D'où venez-vous ?

— De Séoul.

— Pourquoi avez-vous tant tardé ? Nous vous attendions depuis longtemps avec impatience : nous sommes prêts. Mais l'aube du jour n'est pas encore levée ; entrez, reposez-vous, et réparez vos forces en prenant un peu de nourriture ; ensuite nous partirons. »

Les soldats demeurent interdits en voyant cette bonté sereine et courageuse : « Celui-ci, dirent-ils, est un vrai chrétien, comme tous ses compagnons ; pourquoi craindrionsnous qu'il prenne la fuite? Reposons-nous tranquillement. »

Ils se couchent, et s'endorment d'un profond sommeil. Cependant le serviteur de Dieu met à profit les instants qui lui restent: son épouse Marie se hâte de servir la table, et lui, se livrant à son zèle, exhorte les compagnons de sa captivité à supporter courageusement le martyre. Le repas fini, il distribue ses vêtements aux soldats, puis, entouré de sa famille et d'environ quarante chrétiens, il se met entre les mains des satellites stupéfaits [1].

On donna l'ordre de partir. Un satellite païen ouvrit la marche, et la légion des martyrs de Jésus-Christ s'avança d'un pas lent, sous un soleil brûlant, vers la ville de Séoul. Des huées, des sarcasmes, des malé-

---

[1] C'est ainsi que Saint Polycarpe, cette lumière de l'Église de Smyrne, reçut les satellites envoyés pour le prendre (Lettre de l'Église de Smyrne sur le martyre de saint Polycarpe). — On y lit: « Les satellites se présentèrent avec leurs armes, comme pour saisir un voleur. Ils le trouvèrent couché. Le saint ordonna de leur servir à boire et à manger autant qu'ils en voudraient; puis leur demanda une heure, pour prier librement. »

dictions étaient lancés de toutes parts contre les serviteurs de Dieu, qui souffraient en silence toutes ces humiliations. François se retournait souvent vers ses compagnons pour les exhorter à supporter patiemment ces outrages : « Courage, mes frères, leur disait-il, voyez l'ange du Seigneur qui, une verge d'or à la main, vient mesurer et compter tous nos pas; voyez Notre-Seigneur Jésus-Christ qui, avec sa croix, vous précède au Calvaire ! »

Soutenus par le zèle de ce généreux chrétien, ils arrivèrent à la ville, où de nouveaux et plus cruels outrages les attendaient. Une foule de gens grossiers, ignorants et pervers, attirés par la nouveauté du spectacle, les entoure et les accable d'injures. Ils n'ont pitié ni de la délicatesse du sexe, ni de la faiblesse de l'âge, ni même des enfants encore à la mamelle, et ils poursuivent jusqu'à la prison ces généreux captifs de Jésus-Christ en leur jetant des pierres, et en poussant des cris sauvages.

Le lendemain, François est conduit au

prétoire. Là, indigné qu'on le crût capable d'apostasier, il répond au juge qui l'y exhortait : «Misérable, misérable, comment oses-tu me demander un parjure? Si l'infidélité envers l'homme est un crime, que sera l'infidélité envers Dieu? » Le juge, enflammé de colère, ordonne de le jeter à terre, et lui fait déchirer le corps par plus de cent coups de verge. François est rejeté à demi mort dans sa prison.

Cependant un grand nombre de chrétiens, arrêtés en dernier lieu, étaient conduits au juge et confessaient hautement leur foi en Jésus-Christ. Soumis à de cruelles tortures, ils en sortaient vainqueurs. Parmi eux, se fait remarquer Jean Pak, cordonnier. Interrogé sur son état, il répond : « Je suis chrétien.

— As-tu encore tes parents?

— Ma mère est morte depuis quelques années; mon père a eu la tête tranchée en 1801 pour la cause qui me conduit aujourd'hui devant vous; je n'ai pas d'autres parents. »

Le juge lui faisant remarquer que les lois du royaume défendent l'exercice de la religion chrétienne, Jean répondit : « Dieu est mon créateur, il me commande de l'aimer, et je dois lui obéir plutôt qu'au roi. »

Le juge l'exhorta ensuite à trahir sa foi et à dénoncer ses frères; Jean montra dans sa réponse une intrépidité et un courage héroïque, qui contrastaient avec la bassesse sa naissance.

« Il n'est pas permis disait-il, de nuire à son prochain; ma religion m'est plus chère que la vie, je préfère mourir plutôt que de l'abandonner. »

A ces paroles, le bourreau s'approche; on soumet le serviteur de Dieu au supplice de la flexion des jambes d'abord, et ensuite à celui de la table. On le frappa jusqu'à ce que ses os fussent mis à nu; la constance de Jean ne se démentit pas un seul instant.

Les efforts du tyran échouèrent également auprès de Marie Oven. Elle n'achevait que sa vingtième année, et déjà elle était ornée de toutes les vertus. Elle avait fait vœu de virginité. Au milieu des tortures qu'on lui faisait endurer, le tyran lui criait : « Abandonne ta religion et tu auras la vie sauve. » Mais elle restait inébranlable et répondait :

« J'adore Dieu, je veux sauver mon âme. Ma résolution est bien arrêtée; s'il faut mourir, je mourrai; mais le salut de mon âme avant tout. En abandonnant ma religion, je perdrais mon âme. »

Augustin Liou, Charles Tchao et Pierre Ting méritent aussi que nous rapportions leurs actes héroïques, leurs généreuses confessions et leurs horribles souffrances. Augustin était issu d'une illustre famille. Dès ses premières années, il se livra à l'étude, et il acquit une science solide et étendue. Devenu dans la suite interprète du roi, il fit souvent le voyage de Pékin. C'est dans cette ville qu'il se fit instruire plus complétement par les chrétiens, et qu'il fut baptisé par l'Évêque, vicaire apostolique de cette ville. Il fut pris au moins de juin, et il entra plein de joie en prison. A cette nouvelle, ses parents se réunissent, et viennent tous ensemble le supplier d'avoir pitié de sa famille autant que de lui-même, et de se soumettre à la volonté des magistrats. Ces plaintes et ces prières n'ébranlèrent pas le serviteur de Dieu. « Je suis, leur disait-il, profondément affligé de vous voir souffrir à mon occasion. Je compatis à votre sort; mais ayant eu le bonheur de connaître Dieu, je ne puis le renier. Le salut de mon âme doit passer avant toutes les considérations de la chair et du sang. Imitez mon exemple, faites-vous chrétiens, et alors vous mépriserez ce que vous craignez tant de perdre. »

Le tyran l'accueille d'abord avec douceur : il le fait approcher de son tribunal, l'engage, par toute sorte d'instances et par des flatteries, à abjurer sa foi. Voyant tous ses efforts inutiles, il repousse Augustin et lui ordonne de dire pour quels motifs les missionnaires passent d'Europe en Asie, ajoutant qu'il est personnellement convaincu que leur but est d'amasser des richesses et d'acquérir des honneurs. Le serviteur de Dieu est heureux d'avoir l'occasion de déclarer la vérité, et de défendre ces hommes apostoliques en réfutant la calomnie.

« Les docteurs de l'Occident sont venus près de nous pour étendre la gloire du Seigneur du ciel, pour la faire connaître aux hommes et leur apprendre à observer sa loi. Notre Dieu veut être servi par le mépris des richesses et des honneurs, et par la mortification des passions. Il doit, à la fin des temps, ressusciter tous les hommes pour les juger, et rendre à chacun selon ses œuvres ; le ciel, avec ses joies ineffables, sera la récompense de ceux qui l'auront servi ; l'enfer, avec ses inimaginables tourments, sera le châtiment de ceux qui l'auront méconnu. Voilà ce que nos maîtres nous enseignent. Peuvent-ils transgresser les préceptes qu'ils donnent aux autres, et faire le contraire de ce qu'ils disent? Quel poids auraient alors leurs paroles? S'ils étaient méchants eux-mêmes, pourraient-ils rendre les autres bons? Non certes. Dès leur enfance, on les exerce à la vertu; pour être plus libres des embarras humains, ils renoncent même aux plaisirs permis, et font vœu de ne pas se marier. Après un temps suffisant d'épreuves dans les sciences et les bonnes mœurs, ils sont revêtus de hautes dignités, et on les envoie prêcher la religion dans les pays étrangers. Si l'amour des plaisirs, des richesses et des honneurs, était leur mobile, auraient-ils abandonné leur patrie où toutes ces choses abondent? Ils ont traversé une mer de neuf mille lieues d'étendue, au milieu de dangers et de travaux sans nombre. Arrivés ici, ils vivent dans des privations de tout genre; ils sont persécutés comme des malfaiteurs, et exposés tous les jours à mourir dans d'horribles supplices. Avant de partir, ils savaient tout ce qui les attendait dans ces pays lointains.

— Qui les a introduits dans le royaume? demanda le juge, qui n'avait rien à répondre.

— Moi, répond le généreux confesseur de la religion.

— Où sont les Européens? Combien de personnes avez-vous imbues de votre doctrine? Dénoncez-les. »

Vains efforts du juge. L'invincible athlète de Jésus-Christ, quoique tourmenté par des supplices de tout genre et broyé sous les coups, ne profère aucune parole, il demeure inébranlable dans la foi, et dans sa résolution de ne pas dénoncer la retraite des missionnaires. Après cette généreuse confession, il est reconduit dans son cachot.

Le triomphe de Charles ne fut pas moins éclatant. Il était attaché au service d'Augustin et chaque année il accompagnait son maître à Pékin. Augustin, qui avait remarqué la rectitude de son jugement, l'instruisit dans la religion chrétienne et le fit baptiser. Charles, jaloux de procurer le salut de son prochain, aussi bien que le sien propre, travailla avec zèle à la conversion de sa famille et de plusieurs païens, donnant constamment l'exemple de toutes les vertus chrétiennes. Au commencement de l'année 1839, il fut favorisé d'une vision céleste qui lui promettait le martyre. Dès lors, il brûla du désir de verser son sang pour Jésus-Christ et se prépara au combat. Au moment de son

arrestation, on trouva chez lui des ornements sacrés qu'il avait rapportés de Chine,
et qu'il cachait dans sa maison. Le juge lui
demandant à qui appartenaient ces objets
et comment ils avaient été introduits dans
le pays, Charles répondit : « Je fais chaque
année un voyage à Pékin, je les ai achetés en
Chine.

—Ils ne sont pas à toi, reprit le tyran, ils
appartiennent à un autre, dis-moi quel en
est le propriétaire et dénonce les personnes
de ta secte.

—Dieu, dans ses commandements, nous
défend de nuire à notre prochain, je ne puis
dénoncer mes frères.

—Quoi ! dit le juge en fureur, pour observer les commandements de ton Dieu, tu
te montreras rebelle aux volontés du roi et
des mandarins ! »

Le reproche n'ébranle pas le serviteur de
Dieu, il répond :

« Dieu est au-dessus du roi et des mandarins ; sa volonté doit passer avant la leur.

—Allons, la torture, s'écria le tyran outré

de voir ses ordres méprisés. » Aussitôt les bourreaux font subir au serviteur de Dieu la flexion des jambes et la luxation des bras; puis ils le suspendent en l'air et lui déchirent tout le corps à coups de verges. La cruauté du tyran ne se borna point là; quelques jours après, on retira de prison ce généreux chrétien, et on le ramena devant le tribunal pour l'obliger à révéler la retraite des Européens. Mais on eut beau lui disloquer les bras, lui tordre les jambes, broyer son corps sous les bâtons, lui enlever les chairs des jambes par le supplice, quatre fois répété, du bâton triangulaire, le héros chrétien demeura inébranlable, et rien ne put lui arracher une parole. Soutenu par la force d'en haut, il conserva, même au milieu des horribles tortures qu'il endurait, tant de calme et de sérénité, que les bourreaux stupéfaits se disaient entre eux : Cet homme n'a pas un corps de chair, mais de bois ou de pierre.

Paul Ting fut conduit au tyran, le troisième après Augustin. Paul, rejeton d'une

des plus nobles familles coréennes, avait eu
autrefois, lorsqu'il était encore enfant, l'honneur d'être arrêté, en haine de la foi, avec
Augustin son père, et Charles son frère aîné.
Après le martyre de ces derniers, qui mou-
rurent pour Jésus-Christ en 1801, des amis
intervinrent en faveur de cette illustre famille, et le noble enfant fut mis en liberté
avec sa mère qui dirigea seule ses premiers
pas dans la vertu. Devenu grand, Paul brillait par la pratique de toutes les vertus
chrétiennes. Son dévouement à l'Église coréenne, dont le déplorable état le faisait
gémir, l'engagea à se rendre plusieurs fois
à Pékin, pour demander avec instance des
missionnaires. Il écrivit même au souverain
Pontife pour le supplier de donner un évêque à son Église bien-aimée. Ses vœux furent exaucés quelque temps après. L'évêque préposé à l'Église coréenne, ayant remarqué le zèle et les vertus de Paul, l'engagea à commencer ses études ecclésiasti-
ques. Paul s'adonna d'abord à l'étude du
latin, puis à la théologie, mais avec tant

d'ardeur, qu'au début de la persécution, il était sur le point de recevoir les ordres sacrés.

Paul était trop bien connu des tyrans pour qu'il pût conserver l'espoir d'échapper à leur poursuite. Dans l'attente du martyre, il se hâte de rédiger une apologie de la religion chrétienne pour la remettre au juge qui l'interrogera, et il se prépare à confesser sa foi. Peu de temps après, vers la fin de juillet, il est pris avec sa mère Cécile et sa sœur Élisabeth. On le conduit au tribunal, et le juge lui dit : « Vous transgressez les lois du royaume, en pratiquant une religion étrangère et en l'enseignant aux autres. »

Paul répondit : « Dieu est le créateur de tous les hommes, il est le mien; il m'ordonne de l'adorer, je dois lui obéir. Tous les peuples, venant du même principe qui est Dieu, ne forment qu'une seule famille dont ce même Dieu est le père. La religion, qui est l'ensemble des devoirs qui lui sont dus, n'est pas plus étrangère ici que partout ailleurs.

— Il résulte de votre réponse, dit le juge,

que le roi et les mandarins se trompent en la prohibant; qu'en dites-vous?

— Puisque vous me pressez ainsi, répond le serviteur de Dieu, je n'ai qu'une parole à dire : je suis chrétien et je mourrai chrétien. »

Paul, connaissant les lois du pays, ne voulut point répondre que le roi et les mandarins se trompaient, parce que c'est un crime en Corée de dire que le roi et les mandarins se trompent, et le Coréen, qui ose proférer ce prétendu blasphème, en est sévèrement puni, ainsi que sa famille. Comme il voulait mourir uniquement pour Jésus-Christ, il ménagea sa réponse de manière à éviter le piége qu'on lui tendait, et à ne laisser au juge que la pure confession de sa foi.

Cependant, non content du témoignage qu'il venait de rendre à sa foi, le vaillant confesseur remit au juge l'apologie dont nous venons de parler, en le priant de la lire. Le juge, l'ayant examinée avec soin, céda, pour le moment, à l'empire de la vérité, et dit : « Vous avez raison dans votre écrit. »

Mais, préférant l'autorité des hommes à celle de Dieu, et méprisant la lumière qui s'était montrée à lui, il ajouta : « Mais le roi défend cette religion, et c'est pour vous un devoir d'y renoncer.

— Je vous l'ai déjà dit, répond le serviteur de Dieu, je suis chrétien et je le serai jusqu'à la mort. »

Le généreux chrétien, qui rendait à Jésus-Christ un si beau témoignage, ne pouvait se démentir dans les tourments. Soumis quatre fois à la question, il endura quatre fois le supplice de la torsion des bras. On lui fit ensuite subir le supplice de la flexion des jambes ; enfin on le frappa cruellement à coups de verges, en le pressant de révéler la retraite des missionnaires ; mais rien ne put ébranler la constance de ce noble héros. Les supplices redoublent, on le broie sous les coups de longs bâtons, on le déchire avec l'horrible barre triangulaire, on lui scie les chairs avec la corde ; mais Paul endura tout en silence, et il sortit vainqueur de ce grand combat. On l'abandonne ensuite à la rage des satellites, qui épuisent sur lui les inventions de leur perversité, pour l'obliger à dire où sont les missionnaires. Mais Paul se tint inébranlable comme un roc ; la sérénité et la joie brillaient sur son visage. On eût dit qu'il voyait la brillante couronne qui l'attendait, après de si glorieux combats.

Nous ne saurions ici passer sous silence l'éclatante victoire que François Tshoez, dont nous avons déjà parlé, remporta, après qu'on eût soumis les prisonniers à la question. Les préfets et leurs ministres, rassemblés dans le prétoire, se font amener François et lui disent : «Voici un livre de ta religion, nous voulons t'entendre, et nous sommes ici rassemblés à cet effet. »

Le serviteur de Dieu saisit avec joie l'occasion d'expliquer, devant l'assemblée des tyrans, la religion chrétienne. Il ouvre le livre, en lit quelques pages et les explique, sous l'inspiration de l'Esprit-Saint, par des paroles d'une onction toute céleste. Les juges se lèvent de leurs siéges sous le charme de sa parole, et, saisis d'admiration, ils exaltent jusqu'aux cieux une religion dont la morale est si utile, si belle, si pure, et qui inspire à ses disciples un courage héroïque, en même temps qu'une sagesse consommée.

On sévissait avec tant de fureur contre les chrétiens, parce qu'ils ne voulaient ni renier la religion, ni révéler la retraite de l'évêque et de ses prêtres. Cependant, ce que les tyrans ne peuvent obtenir de ces vaillants confesseurs de la foi, ils l'obtinrent, Dieu le permettant ainsi, par le moyen du traître Mimiensan, qui avait excité cette horrible persécution. Ce traître, non moins rusé que pervers, imagina d'exploiter la simplicité d'un chrétien nommé Tseng. D'abord, avec tous les dehors de la franchise, et par une imposture adroitement combinée, il lui fait croire que le roi, touché de la grâce, réprouve les superstitions, qu'il reconnaît la vérité de la religion chrétienne, et qu'il désire ardemment voir l'évêque pour lui présenter ses hommages, s'en faire instruire et recevoir le baptême de ses mains vénérables. Ce bon chrétien tressaille de joie, et promet d'indiquer la retraite de son évêque. Viennent alors des satellites déguisés en courtisans. Tseng se met à leur tête et es conduit à grands pas vers la demeure du Vicaire apostolique.

A cette nouvelle de la prétendue conversion du roi, le sage prélat devina les embûches, comprit la ruse du traître, et dit au crédule Tseng : « Tu es bien simple de croire de pareilles histoires. Tu as été trompé. » Jugeant que la fuite n'était guère possible, et que d'ailleurs elle serait funeste à son troupeau, le pieux évêque célèbre la messe, et se présente intrépidement devant les soldats chargés de l'arrêter. Avant de se livrer, il leur prêcha la vérité de la religion pour laquelle il allait mourir, puis il abandonna courageusement ses mains aux fers, et son corps aux supplices.

Le vénérable prélat fut conduit comme un brigand, les mains enchaînées, jusqu'à la prison, où il fut jeté le 6 du mois d'août de l'année 1835.

Quand le préfet vit en son pouvoir le

maître de cette religion étrangère si odieuse, il tressaillit d'une joie infernale. Il se fait amener le saint évêque, il l'envisage avec insolence et d'un air menaçant. Enfin, rompant le silence, il lui dit : « Pourquoi êtes-vous entré dans ce royaume ?

— Pour arracher les âmes à la puissance du démon et les mettre dans la voie du salut.

— Combien de personnes avez-vous instruites dans votre religion ?

— Quelques centaines.

— Où sont-elles ?

— Elles sont innocentes. Vous voulez les mettre à mort, je ne puis les dénoncer.

— Renoncez à votre Dieu.

— Moi, renoncer à mon Dieu ! s'écrie le confesseur ; non, jamais ! »

A ces mots, le juge furieux appelle les bourreaux, et leur ordonne de lui faire subir le violent supplice de la torsion des jambes. Les bourreaux obéissent. Ce héros digne des anciens temps, boit en silence le calice amer des douleurs, et ne fait entendre ni une seule plainte, ni même un seul soupir.

Après la torture, on le rejette en prison.
Dans cette prison ténébreuse, horrible séjour des misères humaines, le pieux évêque
rencontre tous les chrétiens qu'on a saisis
avant lui. Les généreux confesseurs s'em-
pressent de lui raconter tout ce qu'ils ont
souffert, et tout ce qu'ils étaient prêts à
souffrir plutôt que de renoncer à la foi, ou
de révéler la retraite de leur évêque et des
deux missionnaires. Cependant les persécuteurs, quoique satisfaits de leur importante
capture, prennent la résolution de ne se
donner aucun repos qu'ils n'aient saisi les
deux autres missionnaires, et ils commen-
cent par mettre leurs têtes à prix. L'évêque,
qui ne cessait de veiller sur son Église, le
sut. Il prévit les nouveaux ravages que cette
poursuite acharnée causerait dans son troupeau, et il pensa, qu'en de telles conjonc-
tures, le devoir des pasteurs était de se livrer,
afin d'épargner aux néophytes les assauts de
la persécution. Il écrivit donc à ses deux
prêtres Maubant et Chastan de se rendre à
la capitale, c'est-à-dire au martyre. Ce billet

mémorable était conçu en ces termes : « Un bon pasteur donne sa vie pour ses brebis. Dans l'extrémité où nous sommes, vous voudrez bien, au reçu de ce billet, vous rendre à la capitale. Vous ne donnerez à aucun de vos domestiques la permission de vous suivre. »

Nous ne pourrions peindre la joie de ces deux bons prêtres, quand ils apprirent, dans la retraite où ils étaient cachés, la volonté formelle de leur évêque. Persuadés que Notre-Seigneur lui-même les appelle au martyre par la voix de leur premier pasteur, ils offrent le saint sacrifice, écrivent deux lettres qu'ils adressent, l'une aux vicaires apostoliques des contrées voisines, l'autre au cardinal Franzoni alors préfet de la sacrée congrégation de la Propagande (précieux documents qui témoignent de leur ardente charité pour Jésus-Christ), puis, se livrant aux mains des satellites, ils vont avec allégresse vers la palme qui leur est offerte. C'était le 6 du mois de septembre.

Bientôt, le tyran fait amener à son tribunal l'évêque accompagné de ses deux prêtres, et, déployant sous leurs yeux les appareils de la torture, il commence l'interrogatoire : « Quel est le chef de la famille où vous demeurez ?»

Le prélat répondit : « Paul Ting est son nom, vous l'avez entre les mains.

— D'où provient l'argent qui sert à votre subsistance ?»

Les trois confesseurs répondirent : « Nous l'avons apporté de notre pays.

— Vous n'avez pas de quoi vivre chez vous, et vous êtes venus ici pour chercher votre nourriture ?

— Si vous connaissiez notre patrie, vous ne parleriez pas ainsi.

— Qui vous a envoyés dans ce royaume ?

— Le Pape, qui est le chef de notre religion.

— Qui vous a invités à venir ? Qui a favorisé votre entrée ?

— On vous a tout appris ; vous savez que les chrétiens nous ont appelés au secours de leurs âmes. Ting-Liou et Tchao ont fait le reste. »

Le tyran leur dit alors d'un ton railleur : « Retournez dans votre patrie. »

Les généreux confesseurs répondirent : « En abandonnant notre patrie, nous avons fait le sacrifice de notre vie ; avant de partir, nous savions à quels dangers nous nous exposions ; mais le salut des âmes nous est cher avant tout. Nous mourrons ici, et notre Dieu nous couronnera d'une gloire immortelle.

— Indiquez les lieux où vivent les gens de votre secte.

— En les dénonçant nous commettrions un crime, parce que nous les exposerions à la mort.

— Qu'on les soumette à la torture, dit le juge irrité. »

Aussitôt les bourreaux s'emparent des confesseurs, les étendent sur la terre, et écrasent leurs chairs sous les violents coups de la table. On les rejette ensuite en prison. Quelque temps après, ils eurent à souffrir de nouveaux tourments : on les conduisit au tribunal suprême, où des mandarins, réunis en grand nombre, leur adressèrent mille questions diverses. Les généreux confesseurs furent condamnés à mort; mais on ne les renvoya en prison qu'après avoir brisé plus de soixante-dix règles sur leurs corps, déjà tourmentés et broyés par tant de souffrances. Ce fut pour ces trois héros une nouvelle occasion de rendre un éclatant témoignage à la vérité de la foi.

Pendant que les chrétiens versaient généreusement leur sang dans les combats du prétoire, d'autres succombaient dans les prisons à la suite des tortures qu'ils avaient endurées, et allaient dans le ciel recevoir la palme de la victoire. C'était au mois d'août. Deux femmes fortes, Barbe Kim et Anne Han, rendirent le dernier soupir, après avoir généreusement confessé la foi, en supportant l'une trois cent quarante, l'autre trois cent quatre-vingt dix coups du long bâton. Il faut joindre à ces deux héroïnes l'invincible athlète de Jésus-Christ, François Thsoëz,

qui remporta le beau triomphe dont nous
avons parlé, et qui reçut en retour cent dix
coups de la table, mais si violents qu'il en
mourut. De la prison son âme s'envola dans
les cieux.

Voilà sans doute de grands désastres, et
de bien tristes monuments de la cruauté des
persécuteurs. Mais tous les ravages exercés
dans le troupeau du Seigneur n'approchent
pas des exécutions barbares qui dévastèrent
ensuite l'Église coréenne. Faisons de tous
ces désastres un tableau succinct, afin de ne
pas multiplier ces pages sanglantes. Dès la
matinée du 3 septembre, les ennemis du
nom chrétien commencèrent ces nouvelles
et horribles exécutions par le meurtre de
sept victimes dont les noms suivent : Les
premières furent Barbe Y et Marie Nam,
veuves illustres d'Augustin Y et de Damien
Nam, que nous avons vus mourir pour Jésus-
Christ. Ces deux héroïnes n'eurent pas seulement à supporter les supplices qu'on leur
fit subir ; on tortura leurs enfants sous leurs
yeux, et elles durent, pour sortir victorieuses

du combat, comprimer les élans de l'amour maternel. Elles périrent par le glaive, et suivirent leurs époux et leurs enfants dans la gloire immortelle.

Marie Oven et une autre, Barbe Y, périrent aussi par le glaive. Comme nous l'avons vu, Marie, bien qu'âgée de vingt ans seulement, déploya devant le juge un courage héroïque; Barbe s'était livrée, comme nous l'avons dit, ainsi que sa sœur Magdeleine. Après elles, viennent Jean Pak, dont nous avons dit qu'il confessa généreusement la foi au milieu des tortures; Marie Pak, sœur de l'illustre Lucie; enfin Agnès Kim, après avoir souffert de grandes tortures pour Jésus-Christ, avec sa sœur Colombe, consomma son martyre quelques jours avant elle, dans la vingt-cinquième année de son âge.

Le tableau devient plus sombre : on va mettre à mort le vénérable Laurent Imbert et ses deux prêtres Maubant et Chastan, mais avec des formes nouvelles et des tourments inusités. Ils sont dépouillés de leurs vêtements, et n'ayant plus que la chemise et le pantalon, ils sont conduits, les mains liées derrière le dos, au milieu d'une troupe de soldats, jusque dans un lieu écarté, près du fleuve, le 21 du mois de septembre. Un pieu, portant la sentence de mort, est fixé en terre; on leur jette au visage de la chaux liquide, on les fait monter à cheval sur un long bâton, et on leur fait faire, en cette cérémonie ridicule, trois fois le tour de l'enceinte, au milieu des huées indécentes des soldats rangés en cercle. Puis on leur enfonce une flèche dans chacune des oreilles, et on les soulève en l'air au moyen d'une corde attachée à leurs cheveux. Alors douze soldats sortent des rangs, le sabre nu, simulant un combat, et voltigent autour de ces innocentes victimes, déchargeant cruellement leurs sabres sur elles, principalement à l'endroit du cou. Enfin, leur tête fut séparée du tronc et les corps tombèrent inanimés. Heureux prélat! continue le narrateur de ces grands combats, heureux prélat! qui étiez élevé à la dignité épiscopale pour donner le bon exemple à tous, et qui les avez tous affermis par cette mort héroïque, vous avez confirmé, par des effets, cette belle parole de saint Léon : « Les bons exemples sont « plus puissants que les beaux discours, et « l'éloquence des bonnes œuvres est préfé- « rable à l'éloquence des orateurs[1]. » Et vous, prêtres choisis, qui, au premier signe de votre évêque, avez si volontiers versé votre sang pour l'intérêt du troupeau, vous êtes heureux aussi ! A la palme du martyre, vous avez uni, dans un seul triomphe, une triple couronne par votre foi vive, votre ardente charité et votre obéissance parfaite. Jouissez du bonheur éternel que vous a valu votre victoire.

Le lendemain, lorsque la terre était encore humide du sang de l'illustre et saint évêque et de ses deux prêtres, Paul Ting et Augustin Liou, qui avaient introduit les missionnaires dans la Corée, arrivèrent avec joie au lieu du supplice et consommèrent par le glaive une vie déjà si pleine de mérites.

---

[1] Saint-Léon le Grand, sermon 35.

Après eux, le 26 septembre, fut mis à mort le troisième de ces invincibles soldats de Jésus-Christ, Charles Tshao. Ce dernier, au moment de partir pour le lieu du supplice, se souvint des chers objets de son amour, de sa femme et de ses enfants, et se tournant vers le tuteur de ses enfants, il lui dit d'un ton calme et d'un air serein : « Ami, je vais au ciel, dites, je vous prie, à ceux de ma famille que je les précède, et qu'ils aient le courage de me suivre. »

Aussitôt, on l'attache à la croix ; il salue avec bonté quelques païens de ses parents qui, mêlés à la foule, regardaient ce spectacle tout consternés. Arrivé sur le lieu de l'exécution, il présente sa tête au glaive du bourreau, et son martyre est consommé.

Sébastien Nam fut immolé le même jour, et de la même manière : il avait été pris en même temps que sa femme, et il avait souffert avec elle de grandes tortures ; en montant sur le fatal chariot, il dit au notaire : « Je désirais vivement mourir le même jour que ma femme. Mais Dieu en a disposé autrement. Dites-lui que je l'attends au ciel. »

Ignace Kim suivit de près Sébastien. Quoique issu d'une famille illustre par le nombre des martyrs qu'elle a donnés, Ignace, recommandable d'ailleurs par une piété sincère, avait faibli dans les tourments et renié Jésus-Christ. Mais docile aux exhortations persuasives des confesseurs de la foi, il ne tarda pas à pleurer son crime. Il se rétracte courageusement devant le juge, et, soumis de nouveau à la torture, il passe de la souffrance au repos du ciel. Magdeleine Y, mère généreuse, qui s'était livrée aux persécuteurs avec ses deux filles Magdeleine et Barbe, dont nous avons raconté le martyre, succombe elle-même dans les supplices ainsi que Perpétue Hong. Cette dernière, abandonnée par les juges à la fureur des satellites, est mise à mort par eux à coups de verges dans la prison. Judith Kim qu'on voulut amener à l'apostasie par d'insinuantes flatteries autant que par de cruelles tortures, se contenta de répondre : « J'aime mon Dieu, je ne puis le renier. Si je dénonce les chrétiens vous les mettrez à mort; si je vous indique où sont les livres de notre religion, vous les brûlerez; je ne puis commettre un tel crime. »

Magdeleine Pak, que le juge inférieur n'avait pu vaincre, fut conduite au second tribunal, devant le juge supérieur.

« Il en est temps encore, lui dit celui-ci, renoncez à votre religion et vous recouvrerez votre liberté. »

Mais la généreuse chrétienne, pour en finir avec ces instances, répondit : « Si j'avais dû renoncer à ma religion, je ne serais pas venue jusqu'ici, j'aurais apostasié au premier tribunal; n'insistez pas davantage, c'est inutile; je suis venue ici avec l'espoir de verser mon sang pour mon Dieu. Exécutez les lois du royaume. »

A ces héroïnes ajoutez Colombe Kim, dont nous avons raconté l'éclatante confession et les grandes tortures : elle périt par le glaive, et elle unit la couronne du martyre à celle de la virginité.

Nous parlerons enfin d'Agathe Tsen, femme noble, d'une rare intelligence et d'une beauté remarquable. C'est à la cour qu'elle embrassa la religion; elle sacrifia tout pour son Dieu, et s'adonna avec zèle à la conversion des païens, qui cédaient à l'empire de ses vertus, aussi bien qu'à la persuasion de ses paroles; on lui fit subir de cruelles tortures, et le tyran ne cessant de la pousser à l'apostasie, elle répondit jusqu'à la mort : « Dieu est le créateur de l'univers; c'est lui qui donne aux hommes l'être et la vie; il récompensera la vertu et il punira le vice; lui rendre hommage, n'est pas un crime qui mérite châtiment. Je préfère mille fois mourir que de faire ce que vous m'ordonnez. »

Après avoir versé le sang de tant de victimes innocentes, les persécuteurs, loin de se refroidir, continuèrent, avec un égal acharnement, à rechercher les chrétiens et à torturer les prisonniers, prolongeant ainsi, dans le sein de l'Église de Dieu, les ravages d'une guerre impie. Plusieurs chrétiens furent bientôt jetés dans les fers, entre autres Augustin Pak et son épouse Barbe Ko. Deux autres époux, Magdeleine Lou et Pierre Tsoi,

7.

sont amenés devant le juge. Ces derniers, saisis dans le courant du mois de juin, avaient langui jusque-là dans les prisons. Pierre, autrefois païen, avait expié, par une vie exemplaire, les égarements de sa vie passée. Il désirait avec ardeur laver dans son sang ses fautes anciennes. Tandis que la persécution sévissait, il se tournait souvent vers Notre-Seigneur, en s'écriant : « Hélas! le martyre seul peut expier mes nombreux égarements. Mon Dieu, ne me privez pas de cette grâce ! »

Le juge lui dit : « Tu suis la mauvaise doctrine des chrétiens?

—La doctrine des chrétiens n'a rien de mauvais, répondit le généreux néophyte, j'adore Dieu et je le sers.

— Depuis combien de temps le connais-tu?

—Mes parents étaient chrétiens; dès mon enfance ils m'ont parlé de Dieu.

—Renonce, dit le juge, renonce à ton Dieu, et tu vivras. »

Le confesseur répondit à cette infâme

suggestion par un refus énergique. « Je ne puis renier mon créateur. »

Le juge ordonne de le torturer jusqu'à la mort. On lui fait subir sept fois le supplice de la flexion des jambes, et on le broie avec les longs bâtons ; mais Pierre resta inébranlable. Enfin, accablé sous une grêle de cent cinquante coups des plus violents, il fut rejeté à demi mort dans la prison.

Magdeleine ne montra pas moins de courage et de persévérance. Spectacle touchant, elle tenait dans ses bras sa petite fille âgée de deux ans, lorsque le juge l'interrogea : « Qui vous a instruite de la religion chrétienne ? Depuis combien de temps la pratiquez-vous ?

— Dès mon enfance, mon aïeul m'a parlé de Dieu, de la récompense qu'il destine aux hommes vertueux, et des châtiments qu'il prépare aux impies.

— Quelles sont les personnes qui fréquentent votre maison ?

— Vous voulez les mettre à mort, je ne puis les dénoncer.

— A qui appartiennent les objets qu'on a trouvés chez vous?

— Je ne me mêle pas de ces affaires-là; je n'en connais pas le propriétaire.

— Renonce à ton Dieu.

— Non, jamais! Dieu est mon créateur, et je l'honore.

Le juge alors essaye de la fléchir, en faisant appel à sa tendresse maternelle.

— Aie pitié de ta fille, au moins; conserve-toi pour elle; dis seulement une parole, et tu recouvreras ta liberté; mais si tu persistes dans ton obstination, tu ne pourras éviter ni les tourments, ni la mort. »

La servante de Dieu se montra ferme dans sa résolution, et, sacrifiant tout pour son Dieu, elle répondit : « Dieu est l'arbitre de la vie et de la mort, ma vie lui appartient, je ne puis la conserver au prix de l'obéissance que je lui dois; quand je ne serai plus, il prendra soin de mon enfant. »

Les faits ne démentirent pas de si belles paroles. Soumise quatre fois au supplice de la torsion des jambes, frappée de trois cent soixante coups de verge, mais si violents que les chairs volaient en lambeaux, et que les os furent mis à nu, Magdeleine resta inébranlable. Loin de faiblir, elle saisit une occasion pour confier à une femme chrétienne sa petite fille, dont la vue, en attendrissant son cœur, aurait pu la rendre moins forte dans les tourments; elle s'en sépara généreusement, pour que sa tendresse maternelle ne lui causât pas le sacrifice de sa foi.

Mais personne, peut-être, n'a montré une foi plus généreuse, un courage plus éclatant que Pierre Liou, fils d'Augustin Liou, dont nous avons raconté la mort pour Jésus-Christ. Ce jeune confesseur de la foi, à peine âgé de 13 ans, s'était livré lui-même aux mains des persécuteurs, ainsi que nous l'avons dit, parce qu'il désespérait de pouvoir éviter les piéges que les satellites lui tendaient de toutes parts. Torturé huit fois en présence du juge, frappé de six cents coups de verge ou de bâton, il conserva le même calme et la même intrépidité. On ramena cet enfant quatorze fois dans l'arène; on épuisa sur son faible corps toutes les tortures, sans pouvoir lui arracher un signe de faiblesse. Les persécuteurs en étaient stupéfaits. Enfin il fut soumis à l'horrible supplice de la table, et il le supporta avec la même constance. On le vit même recueillir de ses mains les lambeaux de chair qui tombaient de son corps, et les jeter, en souriant, aux pieds du juge. Pour gagner Jésus-Christ, il ne faisait cas de rien; pendant qu'il souffrait dans son corps, son âme était sans doute inondée d'une joie céleste. Quoi qu'il en soit, on peut lui appliquer ces belles paroles de saint Augustin[1] : « Je n'ai jamais demandé qu'une chose au « Seigneur, et ne lui en demanderai jamais « qu'une : c'est d'habiter au ciel tous les « jours de ma vie. Pourquoi? pour y goû- « ter les délices que le Seigneur accorde « à ses élus. Quand les saints martyrs con- « templaient dès ici-bas ces délices, les souf-

[1] Saint Augustin, sermon 284.

« frances même les plus vives, même les
« plus longues, leur paraissaient mépri-
« sables. Qu'étaient pour eux ou les plai-
« sirs ou les souffrances de ce monde? Ces
« délices lenr suffisaient pour combattre
« victorieusement la rigueur des souffran-
« ces et l'attrait des plaisirs? Monde im-
« portun, disaient-ils, pourquoi me flat-
« tes-tu? ce que j'aime est beaucoup plus
« aimable que tout ce que tu me pro-
« mets. »

Non content de ces triomphes, ce généreux martyr, de retour dans sa prison, exci-
tait les tièdes, reprenait les apostats, rem-
plissant auprès de tous, dans la prison, le
rôle d'un apôtre. « Vous êtes catéchiste,
disait-il, à un chrétien plus âgé que lui;
vous êtes un homme mûr; je ne suis qu'un
enfant; c'est vous qui devriez m'exciter à
souffrir courageusement, d'où vient que les
rôles sont changés? rentrez en vous-même
et sachez mourir pour Jésus-Christ. » Tel
fut ce jeune héros, que son courage élève
au-dessus de tout éloge. On l'étrangla,

le premier jour d'octobre, et il alla au ciel recueillir la palme due à son courage. Dieu ne cessa de le fortifier jusqu'à sa mort, ce Dieu si bon, qui, selon les paroles de saint Léon, couronne, même les enfants, de la gloire du martyre, et donne aux chrétiens un courage si invincible, qu'ils osent dire avec l'apôtre : « Qui pourra me séparer de « l'amour de Jésus-Christ? Sera-ce la per- « sécution, ou les angoisses, ou les tribula- « tions, ou la nudité, ou les dangers, ou le « glaive? selon qu'il est écrit, on nous fait « mourir tous les jours pour l'amour de « vous, Seigneur ; on nous regarde comme « des brebis destinées à la boucherie ; mais « parmi tous ces maux, nous demeurons « victorieux par le secours de celui qui « nous a aimés [1]. »

Élisabeth Ting, qui fut prise, ainsi que nous l'avons vu, avec sa mère et son frère, ne montra ni moins de courage, ni moins de constance au milieu des tortures. « Vous

---

[1] Saint Léon, sermon 36, sur l'Épiphanie.

pratiquez la religion du Seigneur du ciel?
lui dit le tyran.

— Oui, répondit-elle hardiment, je la
pratique.

— Qui vous a imbue des enseignements
de cette secte?

— Dès mon enfance, ma mère m'a fait
connaître Dieu, elle m'a parlé des châtiments réservés à ceux qui ne le servent pas.

— Renoncez à votre religion, et vous vi-
vrez.

— Renoncer à mon Créateur est un crime,
je ne puis le faire.

Le juge, n'ayant rien à répondre à ces
paroles si fermes et si précises, essaya la
flatterie, pour vaincre le courage de cette
vierge héroïque.

— Votre frère est assez insensé pour vouloir mourir; soyez plus sage, dites une parole, et sortez de prison vous et votre mère.

Mais notre héroïne, toujours inébranlable,
répondit :

— Si je ne puis vivre qu'en reniant mon
Dieu, je préfère la mort. »

On la soumit aussitôt à de cruelles tortures répétées jusqu'à sept fois, mais sans autre profit que de l'entendre se glorifier modestement, après trois cents coups déchargés sur elle, d'avoir eu sa part aux souffrances de Jésus-Christ.

— Par une grâce toute singulière, dit-elle, je ne suis pas morte sous les coups, et je comprends un peu quelles immenses douleurs mon Sauveur à dû souffrir. »

Les limites que nous nous sommes tracées dans cette notice, nous obligent à passer sous silence un grand nombre de faits, que l'histoire des églises d'Orient recueillera, pour l'édification de tous les âges. Nous ne pouvons toutefois omettre les actes de Jean Y, dont l'admirable langage devant les magistrats respire l'énergie, et la plus noble simplicité.

Jean était jeune encore, et d'un physique remarquable. Le juge, charmé en présence de tant de jeunesse et de beauté, semble oublier sa férocité naturelle et lui dit avec douceur :

« Vous êtes encore jeune, vous avez reçu de l'éducation, vous pouvez aspirer aux dignités, un bel avenir est ouvert devant vous ; comment donc avez-vous pu embrasser cette secte, et vous montrer rebelle aux ordres du roi? Une mort ignominieuse vous attend ; renoncez à cette religion, que vos ancêtres ne connaissaient pas, dites une parole, et vous êtes libre.

Jean aperçut le piége qu'on lui dressait, et il répondit avec sagesse :

— Aimer la vie, craindre la mort, sont des sentiments naturels à l'homme ; je le sais, mandarin ; je connais d'ailleurs tous les avantages que vous me procureriez, mais ils ont peu d'attrait pour moi. La vie est courte, les dignités qu'on y possède passent comme l'ombre ; il est d'un homme sensé de préférer une gloire immortelle, une joie sans fin aux plaisirs d'un moment. A travers les tribulations de ce monde, et au delà de la tombe, la religion me montre une félicité éternelle ; voilà pourquoi je la pratique. Le roi, il est vrai, prohibe cette religion, mais au-dessus du roi, est un Dieu, créateur et père de tous les hommes, qui m'ordonne de l'adorer; je ne puis, sans crime, lui refuser obéissance. Jugez-en vous-même. Si dans ce royaume le roi ordonnait une chose et qu'un mandarin en commandât une autre, à qui faudrait-il obéir? Sachez-le, dans les mains de Dieu, les rois sont comme des mandarins, dont il se sert pour gouverner ce monde. » Paroles admirables de vérité, de sagesse et de clarté! Le juge lui-même parut être subjugué par l'éclatante évidence de cette profession de foi; mais, au lieu de prêter l'oreille à la vérité, il préféra n'écouter que de vaines craintes et d'absurdes préjugés.

Revenons à notre généreux confesseur; l'assistance divine, qui lui suggéra la sagesse dans ses réponses, lui donna le courage dans les tourments. Nous pouvons le comparer à ces anciens confesseurs de la foi, dont la sagesse et le courage ont inspiré à saint Augustin ces belles paroles : « Jésus-

Christ est prêt à recevoir ses confesseurs bien-aimés. Du haut du ciel, où il habite, il semble leur dire : je vous contemple, je vous aiderai dans le combat et vous couronnerai dans la victoire. Forts de cette promesse, les martyrs ne redoutent ni les menaces des persécuteurs, ni les tortures. Le persécuteur leur disait : sacrifiez aux idoles ; mais eux répondaient : nous ne le ferons pas, parce que nous avons au ciel un Dieu éternel à qui nous sacrifions toujours ; nous ne voulons pas sacrifier aux démons. — Pourquoi faites-vous un sacrifice réprouvé par la loi ? — Parce que notre père céleste nous a dit dans l'Évangile : « Celui « qui laisse son père, sa mère, son époux « et ses enfants, et tout ce qu'il possède, « pour l'amour de mon nom, recevra le cen- « tuple, et la vie éternelle. » — Vous ne voulez donc pas obéir aux ordres des empereurs ? — Non. — Quelle autorité pouvez-vous avoir cependant ? Vous voyez bien qu'on va vous mettre à mort ? — Nous avons l'autorité du roi Éternel ; voilà pourquoi, en ce point, nous ne faisons aucun cas d'un homme mortel [1]. »

Nous avons fait passer sous les yeux du lecteur quatre groupes de héros magnanimes, qui, à des époques différentes, mais avec le même courage, ont combattu le bon combat, consommé glorieusement leur course, et obtenu la couronne de justice. Nous arrivons à une cinquième phalange de confesseurs, qui ont aussi donné de beaux exemples de courage, et ajouté à la gloire du nom chrétien.

Qui ne serait frappé d'admiration en voyant une femme octogénaire, Cécile Ting, l'heureuse mère d'Élisabeth et de Paul, déployer dans les tortures un courage supérieur à celui des plus jeunes, un héroïsme qu'on ne pouvait attendre de la faiblesse de son sexe et de l'infirmité de son âge. Cette noble femme, frappée de plus de trois cents coups, expira dans la prison. Thérèse Kim, servante de Cécile, voulut marcher sur les traces de sa

[1] Saint Augustin, sermon 326.

maîtresse : elle la suivit de près; elle fut laissée à demi morte, à la suite de deux cent quatre-vingts coups déchargés sur elle.

D'autres chrétiens périrent par le glaive du bourreau, et remportèrent la palme du martyre sur la fin de l'année 1839. Le premier, Pierre Tshoi, qui supporta les cruelles tortures dont nous avons parlé plus haut, montra jusqu'à la fin un courage invincible. Partant pour le lieu du supplice, il dit au bourreau : « Je vais à la mort, dites à ma femme et à ma fille (Magdeleine Lou et Barbe Tshoi) qu'elles ne doivent pas me plaindre, mais louer Dieu, et lui rendre pour moi de grandes actions de grâces. J'espère qu'elles me suivront, dans quelques jours, au lieu du triomphe. » Elles le suivirent en effet.

Barbe Tso obtint le même sort. Barbe était l'épouse du courageux Sébastien Nam qui, après avoir répandu son sang dans les tortures, rendit à la foi un si beau témoignage, ainsi que nous l'avons vu plus haut. Cette femme chrétienne, imitant religieusement son vertueux époux, se préparait depuis longtemps au martyre, par une vie sainte et pure. Soumise cinq fois à la question devant lè magistrat, dix fois déchirée de coups dans sa prison, cette chrétienne courageuse souffrit gaiement toutes ces tortures. Se peut-il imaginer rien de plus admirable que ce court dialogue : « Vous n'avez, lui dit le juge, qu'une chose à faire : ou mourir, ou renoncer à votre religion, et dénoncer les chrétiens ; réfléchissez avant de répondre.

— Mes réflexions sont faites, répondit Barbe aussitôt : plutôt mourir mille fois que de commettre un crime réprouvé par ma conscience. »

Bénédicte Hieu, fille d'un martyr, donnait l'exemple de toutes les vertus chrétiennes. Elle confessa généreusement la foi devant le tribunal, et elle fut, pour cela, torturée onze fois, puis broyée par cent coups de bâton. Enfin, après avoir supporté pendant sept mois les horreurs de la prison, elle obtint la palme du martyre.

Magdeleine Han et Magdeleine Y périrent aussi par le glaive. La première, issue d'une

noble famille, venait d'être baptisée, lorsque la persécution éclata. Elle déploya néanmoins un grand courage dans les tortures,
et mérita la récompense immortelle. L'autre, avant de répandre son sang pour Jésus-
Christ, avait refusé la main d'un païen que
son père lui destinait pour époux, et elle
avait fui de la maison paternelle, avec sa
sœur et sa mère, pour être plus libre d'accomplir les devoirs de la piété chrétienne.

Barbe Tso, qui était aussi fille d'un martyr, fut d'abord soumise au supplice de la
dislocation des bras et de la torsion des
jambes ; puis déchirée sous les coups de la
verge-bâton. Au milieu de ses souffrances,
elle remerciait Dieu du fond de son cœur
en disant : « Vraiment, j'ignorais qu'il fût
si doux de souffrir pour Jésus-Christ. »

Élisabeth Ting, dont nous avons raconté
les tortures, employa tout le temps qu'elle
passa dans la prison en œuvres de miséricorde, à l'égard des prisonniers. Elle apprit
avec joie la nouvelle de sa condamnation,
et monta bientôt sur la charrette qui fut

pour elle, comme pour tant d'autres, le char de triomphe qui la conduisit au ciel.

Étienne Min, que nous nommons le dernier, ne le cède en rien à ceux qui précèdent. Il était catéchiste. Le juge lui ordonnant d'apostasier, Étienne répondit : « Non-seulement je n'abandonnerai pas la religion, mais encore, si vous me relâchez, je la prêcherai aux gentils. »

Les bourreaux le frappèrent avec rage, et le jetèrent en prison. Là, il exhortait les apostats à la pénitence. Enfin, le dernier jour de décembre, il fut étranglé dans sa prison, et son âme s'envola dans les cieux.

Telle fut la fin de cette longue année de deuil. On vit tomber, presque en même temps, un prélat vénérable, des prêtres choisis, de zélés défenseurs de la foi, des catéchistes habiles, des femmes nobles, d'illustres jeunes hommes, la plupart enfin de ceux qui semblaient destinés à être, pendant la paix et dans la persécution, les soutiens de cette Église désolée. Il faut néanmoins reconnaître que ces chrétiens abandonnés trouvaient une consolation dans leurs malheurs; de puissants protecteurs intercédaient désormais pour eux dans le ciel, ils avaient reçu des exemples multipliés d'un courage héroïque, et ils avaient vu refleurir au milieu d'eux les beaux siècles de la primitive Église.

L'année suivante, qui commença sous de pareils auspices, vit de nouveaux combats, et fut illustrée par de nouveaux triomphes. Au milieu du mois de janvier, Agathe Y fut mise à mort. Agathe était à peine âgée de quinze ans : c'était la fille d'Augustin et de Barbe. Dieu l'avait munie d'un si grand courage, que rien ne put l'abattre, ni la faim, ni le froid, ni les maladies, ni les horreurs qu'elle endura pendant dix mois d'une affreuse prison. Elle reçut quatre-vingt-dix coups de la table, plus de trois cents autres de tout genre, et elle fut enfin étranglée dans la prison par la main du bourreau.

André Tsheng périt de la même manière, le vingt-quatrième jour de janvier de l'année 1840. André est celui qui, par un excès de simplicité, livra son évêque aux persécuteurs. Saisi quelque temps après, il fut soumis d'abord à une horrible bastonnade, puis à la dislocation des bras et à la torsion des jambes, enfin il reçut quatre-vingt-dix coups de la table et demeura victorieux de tant d'épreuves.

Le trente et unième jour de janvier, un grand nombre furent immolés pêle-mêle, et allèrent ensemble recueillir la palme du martyre.

Augustin Pak, catéchiste d'une intelligence rare, donnait l'exemple de toutes les vertus chrétiennes, il endura de grandes tortures en même temps que Barbe Ko, et comme elle, il se montra invincible jusqu'à la mort.

Marie Tshoëz, l'épouse de l'illustre François, dont nous avons raconté la mort, fut horriblement flagellée dès le début, et elle supporta les tortures avec un grand courage. Mais ensuite, attendrie par les larmes de son enfant encore à la mamelle, elle eut le malheur de renier sa foi. Dieu eut compassion de cette mère infortunée. Fidèle

aux exhortations de ses compagnons de captivité, elle pleura amèrement le malheur
d'avoir renié son Dieu, et pour réparer la
faiblesse de son amour maternel, elle assista
intrépidement au supplice de ses enfants.
Ses forces s'accrurent dans le combat, et
elle cueillit avec joie la palme que Dieu lui
remettait entre les mains.

Agathe Han et Agathe Y périrent par le
glaive. La première, fille de Magdeleine Han
qui mourut dans le mois de décembre, ainsi
que nous l'avons raconté, eut la tête tranchée, à l'âge de vingt et un ans, et elle passa
de cette terre au séjour des bienheureux.
L'autre, qui lui était unie par les liens de l'a-
mitié, la suivit de près, en tombant comme
elle sous le glaive du bourreau. Marie Y, la
sœur de Magdeleine, dont nous avons parlé
plus haut, avait enduré avec elle diverses
tortures; elle fut, comme les deux Agathe,
immolée par le glaive, et mise en possession
de la couronne du martyre.

Magdeleine Lou, femme de Pierre Tshoi,
acheva dans ce temps sa carrière, marquée

par de si belles victoires. Nous avons dit avec quel courage elle résista au juge, avec quel héroïsme et quelle prudence elle se sépara de son enfant, dans la crainte d'être vaincue par sa tendresse maternelle.

Viennent ensuite Pierre Kong et Paul son plus jeune frère, issus d'une noble famille. Le préfet, qui était leur parent, se retira, quand leur tour arriva de subir la question. Ces deux vaillants chrétiens n'en furent que plus longuement et plus cruellement maltraités. Les juges, chargés de l'interrogatoire, unissent tous leurs efforts pour amener à l'apostasie les deux parents du préfet; ils n'épargnèrent rien, ni les menaces, ni les supplices, mais tout fut inutile. Ils eurent enfin la tête tranchée, Pierre le 31 janvier, et Paul le 12 février de l'année 1840.

Le sang doit encore couler. Le jour même où Paul fut décapité, Jean Y et Barbe Tshoi périrent de la même manière. Jean Y est celui qui, par la sagesse de ses réponses inspirées d'en haut, réduisit les juges au silence, Barbe Tshoi, la fille de Magdeleine

Lou, et de Pierre Tshoi dont nous avons raconté le martyre, était par sa piété le modèle des épouses chrétiennes. Son père et sa mère délibérant sur le choix de l'époux qu'ils lui devaient donner; elle leur dit : «Dans le choix que vous avez à faire d'un époux pour moi, ne considérez ni l'âge, ni le rang, ni la fortune; qu'il soit chrétien, cela me suffit, il me conviendra. »

Elle fut donnée en mariage à Charles Tchao, qui mourut avec elle pour la foi. Saisie en même temps que lui, elle commença par se séparer d'un enfant encore à la mamelle, qu'elle confia à une chrétienne, de peur d'être vaincue par son amour maternel. Soumise sept fois à la torture, frappée de plus de trois cents coups de tout genre, laissée presque sans vie, elle demeura inébranlable. Enfin, après avoir épuisé jusqu'à la lie le calice de toutes les douleurs, dans une longue captivité, elle mourut par le glaive, et fut admise, à peine âgée de vingt ans, dans le séjour de la gloire.

Le même jour, Paul Hé donna aux persécuteurs un exemple frappant de repentir et d'héroïsme. Soumis à la question, frappé de soixante-dix coups de la table, Paul avait généreusement combattu, mais les angoisses de la prison abattirent son courage, il abjura, et fut mis en liberté. Le jour même de son apostasie, il rentre en lui-même, et retourne vers les bourreaux pour rétracter son apostasie.

« J'ai péché, leur dit-il, je m'en repens, ma bouche seule a apostasié, car mon cœur était chrétien, et il l'est encore ; me voici disposé à supporter de nouveau la torture.

— Nous ne savons pas si tu dis vrai, répondent les satellites, donne-nous un signe de ton repentir. Si tu te repens véritablement, voici une écuelle, puise dans ce vase, et bois. » (Les satellites montraient un grand réservoir où l'on jetait toutes les ordures de la prison). Le serviteur de Dieu remplit son écuelle, et boit.

Il la remplissait de nouveau, mais les satellites stupéfaits l'arrêtèrent : « C'est assez, cela suffit ; voici un crucifix, prosterne-toi devant lui. » Paul se prosterne aussitôt, adore le crucifix et le baise affectueusement. Les magistrats, à la nouvelle de ce retour, ordonnent de le frapper avec la table. Notre généreux pénitent succomba dans le supplice.

Bien que les persécuteurs fussent toujours animés de la même haine contre l'humble et innocent troupeau du Seigneur, leurs mains cependant paraissaient moins actives, et leurs forces semblaient éprouver quelque défaillance. Le pays dépouillé de ses meilleurs habitants, les familles dans le deuil, les prisons remplies de prisonniers de tout âge et de tout sexe, tout cela condamnait hautement la cruauté des persécuteurs. Assez longtemps les provinces avaient regorgé du sang des innocents. Plus de cent Coréens avaient souffert de cruelles tortures et une mort affreuse, dans le cours d'une seule année. On parut donc avoir pris la résolution d'interrompre, pour le moment, les sanglantes exécutions. Le reste des prisonniers devait se consumer peu à peu dans des prisons meurtrières et par l'inhumanité des geôliers. En effet, Catherine Y et Magdeleine Tso, après une généreuse confession, succombèrent au froid, à la faim, aux horreurs de la captivité, dans le courant de l'année 1840 ; Magdeleine Tso, fille de Catherine, avait repoussé, par amour pour la virginité, la main de l'époux qu'on lui destinait.

Lucie, vulgairement appelée la Bossue, succomba aussi dans la prison. Quoique peu instruite, et d'une humble condition, elle avait gagné plusieurs païens à Jésus-Christ. Elle avait confessé généreusement la foi devant le juge. A ses instances, elle avait répondu : « N'insistez pas davantage, je suis chrétienne, ordonnez qu'on me conduise à la mort ; j'irai volontiers. »

Agathe Tsong, qui atteignait sa quatre-vingtième année, mourut de la même manière. Bien que réduite à une extrême indigence, cette pieuse femme donna, durant sa longue vie, de beaux exemples de patience et de toutes les vertus chrétiennes. Elle ne

fut effrayée ni de l'appareil des supplices,
ni des menaces du tyran; quand il la pres-
sait d'apostasier, elle répondait d'un ton
calme et tranquille : « Il ne convient pas à
mon âge d'abandonner ma religion. Je suis
sur le point de comparaître devant le juge
des vivants et des morts. Il ne me reste plus
qu'un souffle de vie; Hâtez-vous de me l'enlever, sinon la mort vous préviendra. »

Antoine Kim succomba aussi dans les
horreurs de la prison. Antoine était agricul-
teur. Il avait atteint l'âge mûr lorsqu'il embrassa la religion chrétienne; mais sa foi
était si vive et son zèle si ardent, qu'il
gagna à Jésus-Christ tous les habitants de
sa bourgade. C'est ainsi que Dieu sait trans-
former les hommes d'une basse naissance
en des vases d'élection. C'est ainsi qu'il use
à son gré des instruments humains. Antoine fut pris et mis à la torture, mais rien
ne put abattre son courage. Broyé par
quatre-vingt-dix coups de la table, il répondit au tyran qui l'exhortait à apostasier :
« Je n'ai qu'un mot à dire à toutes vos ques-

tions et à toutes vos exhortations : je suis chrétien. » Il fut rejeté dans les fers, et au mois de mars de l'année suivante 1841, après de longues et cruelles souffrances dans un infect cachot, il périt par la strangulation.

Les persécuteurs s'imaginaient faire disparaître sous tant de ruines tout vestige de la foi; ils espéraient, non-seulement dissoudre la société des fidèles, mais en abolir même le nom et le souvenir. Vanité des espérances humaines! « Les nations se sont soulevées en frémissant, et les peuples ont formé de vains projets. Les rois de la terre se sont assemblés et les princes se sont joints ensemble contre le Seigneur et contre son Christ. » Qu'en arrivera-t-il? « Celui qui habite dans les cieux se rira d'eux; le Seigneur se moquera de leurs vains complots. » (Ps. 2.)

En effet, Dieu appesantit sa main vengeresse sur les principaux auteurs de cette persécution, Y Tchao, et sur le traître Mimiensan, et cependant, l'Église coréenne reprenait de nouvelles forces. Fécondée par le sang des martyrs, elle produisit de nouveaux fruits. On voyait germer dans son sein une nouvelle légion de martyrs, prêts à recommencer les combats du Seigneur, à défendre et à signer de leur sang la vérité de la religion.

En effet, cinq ans après la dernière persécution, la haine des ennemis des chrétiens, qui n'était qu'assoupie, se ralluma. Le roi se glorifiait d'avoir purgé pour jamais ses États de ces prêtres étrangers si odieux, lorsqu'il tomba sur André Kim, ce héros coréen, qui attira sur lui, dès son adolescence, tous les soins de ses maîtres, fut élevé par eux au sacerdoce, et devint ainsi le premier prêtre indigène de ce pays. Martyr en même temps qu'apôtre, il signa de son sang la vérité de la doctrine qu'il prêchait. Il naquit sur la fin de l'année 1821, d'une famille célèbre par le nombre des martyrs qu'elle donna à l'Église. Son père Ignace Kim mourut pour la foi en 1839. André, formé aux bonnes mœurs dès ses plus jeunes années, devint le compagnon de Pierre Maubant en 1836. Ce vigilant missionnaire, ayant remarqué l'intelligence et la piété de son jeune élève, l'envoya faire ses études à Macao. André y étudia jusqu'en 1842, dirigé par des maîtres habiles, sous lesquels il fit, chaque année, des progrès également sensibles dans les sciences et dans la vertu.

Poussé par les élans de son zèle autant que par les encouragements de son évêque, il entreprit différents voyages longs et périlleux pour renouer les relations des missionnaires européens avec la Corée, qui depuis trois ans n'en avait vu aucun, et était menacée de voir s'affaiblir et s'éteindre sa foi. Ces occupations le conduisirent jusqu'à l'année 1846. Ce fut alors qu'André reçut le sacerdoce. Grâce aux ressources de sa prudence, il réussit après mille fatigues à introduire deux missionnaires dans son pays. Cela fait, il entreprit de nouveaux voyages, pour obéir aux ordres de son évêque. Arrêté, après avoir supporté de grands travaux et de longues souffrances pour les intérêts de l'Église coréenne, il couronna sa vie laborieuse de la gloire du martyre.

Il avait accompli la mission que son évêque lui avait confiée, et il regagnait l'île de Souncy, quand il reçut l'ordre, de la part du préfet royal, d'amener sa barque à la flotte chargée d'expulser loin des côtes les vaisseaux ennemis du nom coréen. André refusa, comme il le devait, d'obtempérer à cet ordre inique. Son refus irrita les païens. On lui enleva quelques matelots. On en vint enfin à soupçonner qu'il pratiquait la religion chrétienne. On le saisit, on le chargea de coups et d'outrages, et on le traîna au juge. Le juge, en le voyant, lui dit d'un ton sévère : « Vous êtes chrétien ?

— Oui, je le suis.

— Pourquoi pratiquez-vous cette religion contre les ordres du roi ? Reniez-la.

— Je pratique ma religion parce qu'elle est vraie; elle m'enseigne à honorer Dieu et elle me conduit à la vie éternelle. J'ignore le nom d'apostasie.

— Si vous n'apostasiez pas, je vous ferai expirer sous les coups.

— Comme il vous plaira, mais je n'abandonnerai jamais mon Dieu. Voulez-vous entendre la vérité de ma religion, écoutez :

« Le Dieu que j'adore est le Créateur du ciel et de la terre, de tous les hommes et de tout ce qui existe. Il punit le vice et récompense la vertu ; il en résulte que tout homme sensé doit lui rendre hommage. Pour moi, ô mandarin, je vous remercierai de me faire souffrir pour l'amour de mon Dieu. Qu'il vous récompense de ce bienfait en vous faisant monter à de plus hautes dignités ! »

Le barbare accueillit ces paroles avec un rire stupide. Il ordonna de mettre la cangue au serviteur de Dieu, et le fit jeter en prison.

Quelques jours après, il fut conduit, entouré d'une multitude de soldats, dans la ville de Kaitsu, chef-lieu de la province. Là, les questions multipliées du préfet lui donnèrent occasion de disserter sur l'excellence de la religion. Il fit de nouveau entendre sa profession de foi, et refusa d'apostasier. Les bourreaux, outre la cangue, le chargèrent de lourdes chaînes, et le jetèrent en prison.

Cependant le roi, ayant appris la nouvelle de cette arrestation, ordonna d'amener le prisonner à la capitale. André, toujours accompagné par des soldats, fit à pied ce long trajet, au prix de mille fatigues.

On l'exhorta une troisième fois à l'apostasie de la part du roi, mais il répondit : « Au-dessus du roi, il est un Dieu qui m'ordonne de l'adorer ; le renier est un crime que les ordres du roi ne peuvent justifier. »

L'occasion s'en étant offerte, il exposa quelques dogmes de la religion : l'existence d'un seul Dieu, sa toute-puissance, l'immortalité de l'âme, les supplices de l'enfer, la gloire éternelle, mais avec tant de conviction et d'énergie, que ses juges, cédant à l'empire de la vérité, avouèrent qu'ils n'avaient jamais entendu une si belle doctrine. Hélas ! cet aveu ne les empêcha pas de décréter la peine de mort, et, le seizième jour de septembre 1846, l'invincible athlète de Jésus-Christ fut conduit au lieu du dernier supplice. La sentence, lue par un des ministres, portait qu'André Kim était condamné à mort pour avoir communiqué avec les étrangers; mais le généreux confesseur s'élevant contre ce motif, proclama à haute voix la vraie cause de sa condamnation. Il se tourna vers la foule des païens qui étaient présents, et leur dit : «Je suis à ma dernière heure; écoutez attentivement. Si j'ai communiqué avec les étrangers, ç'a été pour ma religion et pour mon Dieu. C'est pour lui que je meurs, une vie immortelle va commencer pour moi. Soyez chrétiens si vous voulez être heureux après votre mort. Dieu réserve des châtiments éternels à ceux qui l'auront méconnu. »

Ce furent ses dernières paroles. On lui fit subir le genre de mort que nous avons exposé, en parlant du martyre des grands serviteurs de Dieu, Laurent Imbert, Maubant et Chastan.

Telle fut la fin de ce vaillant défenseur de la foi. Tel fut le triomphe qu'il remporta sur ses persécuteurs.

Trois jours après, Charles Hien subit la même mort que l'illustre André Kim. Charles avait bien mérité de l'Église coréenne. Il avait perdu son fils, sa femme et sa sœur dans la dernière persécution. Il lui restait à recevoir la récompense promise par Notre-Seigneur à ceux qui subissent généreusement de pareilles pertes pour son nom.

Cet excellent catéchiste n'attendit pas longtemps ; trois ans à peine écoulés depuis la mort des siens, Charles alla les rejoindre dans le ciel. Cependant il avait rédigé, par ordre de son évêque, les actes des confesseurs coréens, et c'est à lui que nous devons en partie les détails que nous avons donnés dans cette notice. Il travaillait en même temps, avec un charitable zèle, à relever le courage des chrétiens abattus. Enfin il fut saisi par les satellites et il consomma sa belle vie par une mort plus belle encore.

A la même époque, Laurent Han, qui était catéchiste aussi, obtint le martyre qu'il désirait si ardemment, et mourut dans la prison à la suite de soixante-dix coups de la

table. Ajoutez aux deux noms qui précèdent celui de Pierre Nam soldat, qui, après avoir enduré avec courage trente coups de la table, fut étranglé dans la prison, Thérèse Kim, Catherine Toki, Agathe Y, Suzanne Y, qui périrent aussi dans la prison par le supplice de la strangulation, après avoir supporté comme les autres le douloureux supplice de la table. Enfin nous nommerons Joseph Kim, dont nous pouvons dire avec saint Hilaire :
« On en a vu qui ignoraient les divins mystè-
« res, et qui volaient à la mort en suivant
« l'exemple entraînant des martyrs. Ils n'a-
« vaient pas la science, mais instruits par
« l'exemple, ils obtenaient, par le martyre,
« la récompense due à une foi consommée. »
Joseph, ennemi déclaré de la religion chrétienne, avait exercé en 1829 l'office de satellite. Il fut pris dans les derniers troubles, certes à son grand regret, avec son fils André Kim, qui était matelot. Mais dès qu'il fut entré dans la prison, il éprouva, à l'aspect de ces horribles demeures de la mort, la même joie que s'il eût vu les demeures cé-

lestes, et il sentit naître en lui un désir ardent du martyre. Il ignorait la religion, mais son ignorance ne le découragea pas; il s'en humilia, et, plein de confiance en la lumière de la grâce qui l'éclairait, il se laissa conduire au juge. Quelle simplicité charmante dans ces paroles qu'il prononça !

« Parmi les enfants d'une famille, il en est qui sont grands, il en est qui sont petits; les uns ont plus d'intelligence, d'autres en ont moins, d'autres enfin sont encore à la mamelle. Les grands connaissent mieux leur père, les plus petits le connaissent moins, mais tous l'aiment. (Parole sublime!) Je suis dans la religion comme un enfant, je commence à peine à me soutenir. Bien que je connaisse peu mon Dieu, cependant je sais qu'il est mon père, voilà pourquoi je l'aime et je veux mourir pour lui ! »

Il fut rejeté dans la prison, et il en supporta avec joie toutes les horreurs. Ayant entendu des blasphèmes contre la religion, et ne pouvant la défendre, il implora le secours d'autrui : « Pour moi, je ne puis répondre, parce que je suis ignorant, dit-il, mais vous, qui pouvez répondre, continua-t-il en s'adressant à un chrétien instruit, pourquoi ne dites-vous rien ? »

Le nouveau soldat de Jésus-Christ, tout brûlant d'amour pour la religion chrétienne, reçut d'André Kim, dans la prison, les éléments de la foi et le baptême. Fortifié par la grâce du sacrement, il montra, devant le juge, avec quelle ardeur il désirait mourir par le glaive pour l'amour de son Dieu.

« Pourquoi, lui dit-il, ne vous conformez-vous pas aux lois du royaume? Elles ordonnent que tout coupable qui mérite la mort soit décapité : et vous nous frappez, vous nous faites expirer sous les coups. »

Ses vœux ne furent pas inutiles. Le juge, enflammé de colère en entendant ces reproches, le fit horriblement frapper d'abord, puis rejeter en prison, où il ordonna de le faire mourir par le supplice de la corde. Heureux néophyte, qui nouvellement associé à Jésus-Christ, s'était dévoué si généreusement à son maître !

Pendant son supplice on l'entendit prononcer ces paroles qui témoignent de son ardente charité : « O Jésus, mon Maître, je vous donne ce que j'ai, mon âme et mon corps. » Heureux chrétien que le Seigneur amena lui-même à la vérité par des voies inconnues à la prudence humaine ! Heureux athlète, qui en fermant cette liste de héros invincibles, donna à l'univers un exemple mémorable de la sagesse, de l'amour, du courage que la foi peut inspirer à une âme fidèle !

# CHAPITRE II.

## MARTYRS DE LA COCHINCHINE.

La persécution excitée par le tyran Minh-Menh sévissait depuis longtemps contre les chrétiens de Cochinchine, quand un prêtre français, de la congrégation des Missions étrangères, fut appelé à combattre dans l'arène où s'était illustré un grand nombre de ses glorieux prédécesseurs : il s'appelait Gilles Delamotte. Chassé de sa résidence ordinaire par les poursuites des païens, il s'était réfugié dans le village de Nhu-Ly, où bientôt il ne se trouva plus en sûreté. Il s'enfuit donc de nouveau, et il se disposait à passer le fleuve sur une barque, lorsqu'il fut arrêté. C'était le 14 avril de l'année 1840. Les satellites commencèrent par l'accabler de coups, et ils le frappèrent avec tant de violence, que le serviteur de Dieu fut terrassé et couvert de profondes blessures. Puis on l'amena tout sanglant et à demi mort au préfet du lieu.

Cet événement ayant été annoncé au roi, celui-ci déféra aussitôt au tribunal suprême la connaissance de toute l'affaire; c'est pourquoi Gilles fut transporté à la capitale du royaume, où on le jeta en prison. Il eut à y endurer, pendant le long espace de quarante jours, des souffrances incroyables. Enfin, tout meurtri, et souffrant à la jambe d'une grave blessure provenant de ce que ses chaînes avaient été trop étroitement serrées, il comparut devant le grand mandarin à la fin du mois de juin. Il n'est rien que le tyran ne mît en œuvre pour amener le serviteur de Dieu à fouler aux pieds l'image de Jésus crucifié. Ce fut en vain pourtant. Le secours de Dieu assistait Gilles ; et, bien que les satellites missent toutes leurs forces à le traîner sur la croix placée à terre, jamais ils ne purent faire avancer d'un pas l'athlète de Jésus-Christ. On en vint aux coups qui, à plusieurs reprises, firent couler des flots de sang, puis on lui déchira les membres presque pendant l'espace d'une heure avec des tenailles froides. Au milieu de ce tourment, Gilles professait sa foi et ne savait que répéter : « Je mourrai mille fois plutôt que de renier Jésus-Christ. » Le serviteur de Dieu fut soumis une seconde fois à cet affreux supplice. Pour en augmenter l'horreur, on fit rougir une fois les tenailles au feu, et on força le confesseur à se tenir assis sur une chaise garnie de pointes aiguës, tandis qu'on lui torturait les jambes. Comme saint Laurent, l'héroïque martyr se jouait de ces supplices, et tandis qu'on lui déchirait les chairs il ne faisait que rire. Les Mandarins présents admirèrent le courage du serviteur de Dieu dans les tourments. Le roi lui-même en fut grandement étonné. Mais comme ils voyaient qu'ils ne pourraient jamais, par aucun supplice, vaincre la constance de Gilles, ils le jetèrent de nouveau dans une affreuse prison.

Là, de nouvelles souffrances, et d'un genre tout différent, attendaient le vénérable Delamotté : car le tyran, à qui une haine implacable contre la religion avait inspiré le projet de faire mourir sur-le-champ le serviteur de Dieu, ayant craint que les Anglais, alors en guerre avec la Chine, ne lui demandassent raison d'un pareil meurtre, crut qu'il valait mieux faire mourir sa victime dans une lente agonie.

La chose arriva comme il l'avait résolu. Les coups qui avaient meurtri notre confesseur, les nombreuses plaies qui couvraient son corps et qui se corrompaient lentement, une lourde cangue, une chaîne qui ne pesait guère moins de quinze livres et qui le serrait fort à l'étroit, les souffrances d'une horrible et infecte prison, une nourriture insuffisante et détestable, il n'en fallait pas tant pour compromettre sa santé, au point que le 30 juillet il semblait n'avoir plus qu'à rendre le dernier souffle.

Le tyran l'apprit. Or il avait ordonné qu'on appliquât Gilles à la traduction de certains livres, et comme cette œuvre laborieuse n'était pas encore achevée, il voulut qu'on allégeât les chaînes du prisonnier, son propre intérêt lui inspirant enfin de la clémence. On vit alors combien le serviteur de Dieu aimait les chaînes qu'il avait mérité de porter pour avoir intrépidement confessé la foi; car les bourreaux n'obtinrent qu'après une heure d'altercation et de résistance, de pouvoir les ôter; et il ne permit pas qu'on les lui enlevât avant que n'intervînt la prescription du médecin. Peu de jours après cependant, on les lui remit. Au reste, les maladies contractées pour les causes que nous avons déduites, et qui, au mois d'août, semblaient être diminuées, firent insensiblement de tels progrès jusqu'à la fin du mois de septembre, qu'au commencement d'octobre, Gilles avait obtenu ce qu'il n'avait cessé de demander par de ferventes prières; car, le troisième jour de ce mois, après avoir subi des tourments plus affreux qu'aucun autre martyr de la Cochinchine, après avoir laissé un insigne témoignage de constance, il s'endormit doucement dans le Seigneur.

L'histoire des Martyrs de la Cochinchine

nous transporte en l'année 1853, et dans le règne de Tu-Duc, second successeur du farouche Minh-Menh [1]. Celui-ci était mort comme meurent souvent les persécuteurs de la sainte Église.

Le sang qu'il avait versé a fécondé, nous en avons la douce espérance, la terre qui s'en était abreuvé, mais il cria vengeance contre le persécuteur, et retomba sur lui pour le punir et le perdre. Tu-Duc ne comprit pas ce châtiment providentiel, et se prépara aveuglément un sort pareil.

Sa première victime fut Pierre Dinh, chrétien indigène. Les actes de béatification nous le présentent comme un homme de mœurs excellentes, et très-solidement instruit dans la religion chrétienne. Il exerçait depuis longtemps les fonctions de catéchiste dans la chrétienté de Cai-Nhum, lorsque son évêque y arriva, cherchant un refuge qui lui

[1] Le premier successeur de Minh-Menh fut Thieu-Tri, son fils, qui ne régna que six ans. Il fit aussi plusieurs martyrs, dont nous ne parlons pas, parce que leur cause n'est pas encore introduite.

permît de se soustraire aux mains des païens.
Il le reçut volontiers dans sa maison, et se
prépara ainsi l'occasion prochaine de donner sa vie pour le nom de Jésus-Christ. Car
à peine le Mandarin de la province eut-il
appris, de la bouche d'un délateur, la présence de l'évêque à Cai-Nhum [1], qu'il y envoya une troupe de soldats, lesquels ayant
su le lieu où il s'était réfugié, se dirigèrent
droit sur la maison de Pierre. Le prélat put
se soustraire à un danger imminent, et le
chef de la cohorte ennemie, n'ayant trouvé
que Pierre dans la maison, le chargea de
lourdes chaînes, et mit tout en œuvre pour
l'obliger à lui dévoiler le lieu où était caché
l'évêque qu'il cherchait.

Ce fut en vain : des questions pressantes,
des instances réitérées ne purent arracher
une parole au serviteur de Dieu. Alors le
soldat furieux le fit frapper à coups redou-
blés. Le confesseur avait eu les membres
déchirés par plus de cent coups de rotin

[1] Monseigneur Lefebvre, évêque d'Isauropolis, vicaire apostolique de la Cochinchine occidentale.

donnés avec violence, et comme souvent il invoquait le nom de Jésus, il avait eu les mâchoires brisées par un grand nombre de soufflets, lorsque la retraite de l'évêque fut découverte par un enfant inconnu. Alors les soldats se dirigèrent en toute hâte vers la capture désirée, et laissèrent dans sa maison le serviteur de Dieu à demi mort. Depuis ce jour, le confesseur ne se releva plus de dessus sa natte. Les cruelles blessures qu'il avait reçues lui occasionnèrent une maladie qui fit de rapides progrès. Il persévéra dans la confession du Seigneur, et, onze jours après sa douloureuse flagellation, s'estimant heureux de souffrir pour Jésus-Christ, il entra dans la gloire du Paradis.

Ce fut en la même occasion que Louis Ngo mérita de perdre la vie. Louis était maire du village de Cai-Nhum, et il remplissait en même temps les fonctions de premier catéchiste auprès des chrétiens de ces lieux. Accusé d'avoir reçu l'évêque d'Isauropolis dans un village dont il était le chef, il tomba entre les mains des satellites, le 30 octobre de l'année 1844 qui était la soixante-dixième de son âge. Chargé d'une cangue, faible de corps, mais fort de sa foi et de sa charité, il reçut par ordre du même officier qui avait fait frapper Pierre, trois flagellations fort rigoureuses et les supporta patiemment, prêt à mourir plutôt que de livrer son évêque.

Enfin, l'évêque ayant été arrêté sur les indications d'un traître, Louis fut transféré à la ville principale de la province avec d'autres chrétiens du même village. Là, les Mandarins de la province l'engagèrent à plusieurs reprises à renier sa foi; mais il répondit toujours hardiment qu'il était prêt à renoncer à ce qui lui restait de vie, plutôt que d'abandonner la très-sainte religion de Jésus-Christ, qu'il avait appris à aimer dès ses plus tendres années.

Bientôt arriva le rescrit royal qui ordonnait de transférer l'évêque et ses compagnons dans la ville capitale. Louis Ngo, accablé de vieillesse et d'infirmités, affaibli par les rigueurs de la prison et de la torture, n'avait pas été excepté. Tous les confesseurs se réunirent pour essayer de le soustraire aux fatigues d'un voyage qu'il ne pouvait accomplir qu'au prix de grandes souffrances et au péril de sa vie, et lui présentèrent, à cet effet, une supplique où l'on demandait pour lui la faveur de demeurer dans la prison de la province. Mais le généreux confesseur répondit : « Permettez que j'aille où le roi m'appelle ; je m'estimerai trop heureux, s'il m'est donné de terminer pour la foi ma vie dans les fers. Notre cause est commune, votre sort sera le mien ; qu'il s'agisse de vivre ou de mourir, je vous suivrai. » L'évêque et ses compagnons admirèrent la force d'âme du vénérable vieillard et se turent. Louis partit donc avec eux, et, après quelques jours d'un douloureux voyage, il se trouvait tellement épuisé, que tous tenaient pour certain qu'il ne pourrait arriver à la ville capitale. Lui, cependant, désirait confesser sa foi sur ce théâtre ; Dieu exauça les vœux que formait sa piété, et il put, bien que brisé de fatigues, parvenir au terme

désiré de ce pénible voyage. A peine arrivé,
il fut traîné au tribunal criminel. Les Mandarins lui ordonnent de fouler aux pieds la
croix; mais il déclare hautement : « Qu'il
ne veut pas racheter par un crime le peu de
jours qui lui restent à vivre ; qu'il est disci-
ple de Jésus-Christ, et qu'il le restera jusqu'au dernier soupir. »

Une si belle profession de foi mérita au
serviteur de Dieu d'être de nouveau jeté en
prison ; elle lui aurait valu sans doute une
mort sanglante, si la sentence capitale, qui
bientôt fut portée contre les autres confesseurs, avait trouvé le serviteur de Dieu encore
vivant. Mais quand Louis avait été enfermé
dans sa nouvelle prison, la maladie que lui
avaient occasionnée les fatigues et les souffrances du voyage en était arrivée à ce point,
que la mort était désormais inévitable. Et de
fait, après neuf jours d'extrêmes douleurs,
pendant lesquels son invincible patience
brilla d'un merveilleux éclat, muni des sacrements de l'Église qu'il reçut dans sa prison,
il s'envola dans le sein de Dieu le 26 février

de l'année 1845. Il prévint ainsi la peine capitale qui, peu de jours après, fut portée contre ses compagnons.

Une année à peine s'était écoulée depuis la mort de Louis, que nous venons de raconter, quand un autre confesseur de la Cochinchine, non moins illustre, expira d'une mort sanglante et s'en alla au ciel. Il s'appelait Mathieu Gam. Il était né de parents chrétiens dans le village de Lon-Dai, de la province de Bien-Hoa. En l'année 1846, il avait entrepris le voyage de Syncapore pour introduire de nouveau dans la Cochinchine, au péril de sa vie, les missionnaires chassés de ces contrées. Mais en abordant au port, il fut pris avec eux. Mathieu se tournant alors vers son évêque : «Je crois, dit-il, que cette fois je mourrai ; mais qu'importe, mon cœur est prêt. »

Conduit à la prison de la province de Gia-Dinh le 6 juin de l'année 1846, il déclara nettement aux Mandarins qu'il était chrétien. C'est pourquoi une sentence capitale fut portée contre lui et dès le mois de dé-

cembre intervint la sanction royale conçue
en ces termes : « Le Boi (c'est le nom que
s'était donné le serviteur de Dieu le jour de
son arrestation) est coupable d'avoir suivi
« la religion perverse de Jésus, d'avoir été
« dans des pays étrangers pour faire le né-
« goce, d'avoir conduit en Cochinchine les
« Européens, et d'avoir refusé d'abjurer la
« fausse religion. Il a évidemment violé les
« lois. Il sera décapité. »

Mathieu attendit onze mois dans sa prison l'exécution de sa sentence. Une lettre
qu'il écrivit pendant ce temps à monseigneur l'évêque nommé de Dausaré appren-
dra au lecteur, mieux que nous ne pourrions
le faire nous-même, les sentiments admirables qui l'animaient pendant sa longue et
dure captivité : « Depuis le jour de mon ar-
« restation, dit-il, je n'ai désiré que cela
« (mourir pour Jésus-Christ). Cette vie passe
« vite, et l'autre vie est éternellement heu-
« reuse au Ciel. Toujours j'ai désiré de glo-
« rifier le nom du seigneur. Quelle que
« chose que Dieu m'ordonne, je me soumet-

« trai volontiers à sa sainte volonté. Dieu en a
« ainsi décidé de moi, je l'adorerai et je l'ai-
« merai parfaitement, afin de paraître en sa
« présence comme un enfant fidèle. Celui
« qui aura vaincu en ce monde recevra une
« éternelle récompense dans les cieux. Tous
« les mois de ma prison m'ont rempli d'une
« joie continuelle ; jamais je n'ai éprouvé
« de tristesse ni d'inquiétude à l'égard des
« choses de la terre, de mon père, de ma
« mère, de mes frères, de ma femme ou de
« mes enfants. »

Tels furent les sentiments dont le serviteur de Dieu demeura pénétré jusqu'à sa
mort; il ne semblait craindre qu'une chose :
« c'est que, disait-il, à cause de ses péchés,
« il fût indigne de consommer son martyre
« pour Jésus-Christ. » Aussi, quand il fut
assuré de mourir bientôt, il se jeta à genoux,
et on l'entendit rendre grâces au Seigneur,
non sans verser un torrent de larmes.

« Seigneur, disait-il, j'accepte ce châti-
« ment de mes péchés; il est bien insuffi-
« sant pour les expier tous. » Et quand il

apprit de son confesseur qu'il lui faudrait bientôt consommer son martyre, il fut inondé d'une telle joie, qu'au témoignage unanime de ceux qui le visitèrent, il invoquait de tous ses vœux l'heure de sa mort comme le plus heureux de tous les moments. Dans le cours du mois de mai 1847, le Mandarin vint à la prison où était détenu le serviteur de Dieu, et lui demanda s'il consentirait, pour éviter le sort qui l'attendait, à abandonner la religion chrétienne.

Mais Mathieu répondit sans hésiter : « Je n'abjurerai pas; coupez-moi la tête. » Et cette confession de sa foi, il la répéta à plusieurs reprises dans le prétoire, proclamant hautement : « Qu'il avait professé la religion chrétienne dès ses plus tendres années, et qu'il ne la renierait jamais, même pour éviter la mort. »

Le préfet, voyant donc qu'il ne pourrait, par aucun moyen, amener le confesseur à renier la foi, ajouta : « Ce n'est pas moi qui te condamne, ce sont les lois; ne parle pas davantage, j'ai pitié de ta femme et de tes enfants. »

Puis il ordonna aux officiers de le conduire au supplice, selon les termes de la sentence. Mathieu, au comble de ses vœux, fut inondé d'une joie qu'il ne put cacher, et, mêlant l'expression de son allégresse à celle de la plus touchante humilité, il s'écria : « Le Seigneur n'avait aucun péché, et il a souffert la mort; moi, qui suis pécheur, je serai mis à mort aussi ; que je suis content ! Aujourd'hui je surabonde de joie, je ne crains rien; avec quel plaisir je meurs ! Si je voulais dire un mot, j'échapperais à la mort; mais j'aime mieux être coupable aux yeux du roi de la terre, qu'aux yeux du roi du ciel. C'est de tout mon cœur que je consens à mourir. Encore un instant, et je serai bien heureux ! »

Courageux en apprenant la nouvelle de sa mort, il fut également intrépide en marchant au supplice. Car ayant remarqué que le héraut proclamait sa sentence d'une voix timide : « Parle plus haut, lui dit-il, que tout le monde entende, » et se tournant vers le préfet : « Je suis si content de mourir !

que craignez-vous? Pourquoi ne comman-
dez-vous pas de proclamer la sentence à
haute voix? »

Cependant on était arrivé au lieu du supplice, hors des portes de la ville. Mathieu
se mit à genoux, et s'étant tourné vers le
bourreau, qui se tenait prêt à exécuter la
sentence :

« Permettez, lui dit-il, que je fasse mon
affaire, vous ferez la vôtre ensuite. » Le bourreau obéit, et le laissa. Alors on vit Mathieu
prosterné se frapper trois fois la poitrine,
et recevoir l'absolution sacramentelle d'un
prêtre qui se trouvait présent, ainsi qu'il avait
été convenu. Enfin les satellites coupèrent
sa cangue, et lui lièrent les mains derrière le
dos; le préfet fit un signe, et la tête du confesseur tomba au deuxième coup de hache.

Les soldats s'étant éloignés, les chrétiens
purent s'approcher. Ils enfermèrent le corps
du martyr dans un humble cercueil, et l'en-
sevelirent dans le cimetière de la ville, le
11 mai de l'année 1847. Tous les assistants
et les païens eux-mêmes s'écriaient : « Cet

homme n'a commis aucun crime qui mérite une telle peine. »

La persécution ne se ralentit guère pendant les années qui suivirent. Philippe Minh, prêtre indigène, eut la gloire de joindre son nom à celui de tant d'illustres martyrs dè la Cochinchine. Il naquit de parents honnêtes et distingués par leur attachement à la religion, en l'année 1815, dans la chrétienté de Cai-Mong et dans la province de Vinc-Long, qui fait partie de la Cochinchine occidentale. Très-jeune encore, il perdit son père et sa mère, et fut élevé dans la piété par les soins d'une sœur. A l'âge de treize ans il mérita d'être mis dans les rangs des élèves du collége, par l'illustre évêque d'Isauropolis, monseigneur Taberd, qui avait remarqué en lui les plus heureuses dispositions. Mais la persécution de 1833 vint à éclater. Le jeune Philippe alla à Calcutta où il fut recueilli dans l'hospice par les religieux de la compagnie de Jésus; il fut ensuite envoyé au collége général de la société des Missions étrangères à Pulo-Pinang où, pendant plusieurs années, il s'adonna à l'étude de la langue latine et de la théologie. Il sut si bien se concilier l'affection de ses maîtres et de ses condisciples par son heureux caractère et la merveilleuse douceur de ses mœurs, que la procure de ce collége lui fut confiée aux applaudissements de tous. Il garda cette charge jusqu'à son retour dans son pays, et l'exerça toujours d'une manière digne d'éloges.

De retour en Cochinchine, il fut promu aux saints ordres par l'évêque de Métellopolis, provicaire apostolique dans ce royaume, et enfin, en l'année 1846, il fut élevé à la dignité du sacerdoce dans la trente et unième année de son âge. Pendant sept ans il s'adonna tout entier aux fonctions de son ministère, jusqu'à ce que, obligé de se transporter d'un endroit à un autre pour administrer le sacrement de confirmation, il tomba entre les mains des infidèles. Comme son divin maître, Philippe fut livré par un faux frère entre les mains de ses ennemis.

L'apostat vint la nuit, entouré d'une sol-
datesque qui investit la maison où se trouvait le serviteur de Dieu, avec des lanternes,
des flambeaux et des armes. Ces gens en-
foncent les portes, et crient tant qu'ils peuvent qu'ils viennent se saisir du maître de la
religion. Comme ils envahissaient la maison
et bouleversaient tout sur leur passage, Philippe se présenta à eux : « Si vous cherchez
le maître de la religion, dit-il, c'est moi,
laissez les autres s'en aller. » Aussitôt les
satellites s'emparent du serviteur de Dieu,
lui nouent la chevelure en forme de corde,
lui lient les mains derrière le dos, le chargent d'une lourde cangue, et l'amènent avec
les catéchistes, qui étaient aussi les principaux du village, à la préfecture de la province de Long-Ho. Tandis qu'on le liait,
l'intrépide et humble confesseur invoque le
Dieu qui a promis d'assister ses fidèles à
l'heure du combat : on l'entendit prier tout
haut :

« Mon Dieu, dit-il, puisque vous avez voulu
que votre chétif serviteur subît cette épreuve,

je vous prie de m'accorder la grâce et la force qui me sont nécessaires pour sortir victorieux de ce combat, et de mettre dans ma bouche les paroles prudentes et sages que je dois répondre aux magistrats. »

Aussi lorsque, peu de jours après, il comparut devant le grand Mandarin, appuyé sur le secours de Dieu, il put soutenir le combat dans la plénitude de sa foi et de la liberté. Et en effet, après l'avoir accablé de questions, on lui ordonne enfin de marcher sur la croix ; aussitôt il répond d'une voix ferme : « Je ne puis faire ce que vous me commandez, parce que ma religion me commande d'adorer ce crucifix, et je l'ai toujours fait jusqu'ici ; comment voulez-vous que je le foule aux pieds ? »

Le Mandarin ordonne de le traîner de force sur la croix. Ce fut en vain ; car bien que tirant de tout leur poids sur la cangue, les satellites s'efforçassent de satisfaire le magistrat, jamais ils ne purent amener l'invincible confesseur, qui s'était couché par terre, à toucher la croix avec son pied. C'est pourquoi le Mandarin, sentant que les tourments ne pourraient vaincre la constance de Philippe, essaya d'en venir à bout par les caresses :

« Vous refusez, dit-il, de fouler la croix aux pieds, soit, je le veux bien; niez du moins que vous soyez prêtre, et déclarez que ces vêtements que voici (car on avait trouvé chez le serviteur de Dieu quelques ornements sacrés), vous ont été remis par l'évêque Dominique; si vous l'avouez, je vous laisserai aller sans vous faire aucun mal. »

Philippe ne voulut point se souiller d'un honteux mensonge; car il était prêtre, et les vêtements qu'on lui présentait étaient bien ceux dont il usait pour les fonctions sacrées.

Le Mandarin, désespérant de le pouvoir vaincre, porta contre lui une sentence d'exil. Personne ne doutait que la sanction royale ne dût être donnée à la sentence du Mandarin, et le serviteur de Dieu lui-même songeait à demander un lieu d'exil de son choix, tout en exhortant au courage ses compagnons de captivité. L'événement trompa cependant l'attente commune; car, le 3 juillet de l'année 1853, une nouvelle sentence, dictée par le roi, parvint aux Mandarins, qui ne songeaient à rien de semblable : elle condamnait le serviteur de Dieu à la peine capitale.

La nouvelle en fut portée à Philippe. Il sourit, et, demandant une plume, il écrivit à l'évêque et aux prêtres les plus proches, suppliant avec instance quelqu'un d'eux de vouloir bien venir dans la province, pour lui donner la dernière absolution de ses fautes. Bientôt il se jette à genoux, «prêt au combat, et ne pensant plus désormais qu'à la gloire de l'éternelle patrie et à la couronne que le Seigneur a promise à ceux qui confesseraient son nom [1]; » il rend à Dieu de très-grandes actions de grâces de ce qu'il l'a choisi pour témoin de son nom, et offrant de grand cœur le sacrifice de sa vie « au Dieu d'humilité qui nous enseigne à endurer les souffrances, lui qui, le premier, a fait ce qu'il enseigne, et le premier a souffert ce qu'il nous exhorte à souffrir [2], » et il lui demande très-instam-

[1] Saint Cyprien, ép. LV.
[2] *Idem.*, ép. LV.

ment les forces nécessaires pour compléter son sacrifice. Ce fut ainsi qu'Ignace, cette illustre lumière de l'Église d'Antioche, quand il entendit la sentence de Trajan qui le condamnait aux bêtes, ayant élevé les yeux au ciel, s'écria avec grande joie : «Je vous rends grâces, Seigneur, de ce que vous avez daigné m'honorer de votre parfaite charité, et permettre que je fusse mis aux fers comme Paul votre apôtre [1]. »

Sa prière terminée, il se leva, et entendant le tumulte des soldats qui s'approchaient, et sentant que l'heure de sa mort était proche, il se tourna vers ses compagnons de captivité que souvent il avait confirmés dans la foi par ses exhortations :

«Vous voyez, dit-il, que Dieu veut que j'offre ma vie pour la gloire de son saint nom. Il me faut donc gaiement accomplir sa volonté; mais, avant de vous quitter, je vous conjure du plus profond de mon cœur, mes amis, de demeurer fermes dans la foi, quoi-

---

[1] Saint Cyprien, ép. LV.

que vous dussiez avoir à souffrir, et de mettre toute votre confiance dans le secours divin, qui ne saurait vous manquer. »

Cependant les soldats se précipitent dans la prison, chargent étroitement de fers le confesseur, et le conduisent au Mandarin.

Celui-ci ordonne qu'on mette la sentence royale devant les yeux du condamné. Mais lui : «Il importe peu, dit-il, que je voie ce qui est écrit là-dessus, je suis prêt à tout souffrir. »

On l'emmena du prétoire entouré d'une troupe nombreuse de soldats, et on le conduisit au lieu du supplice.

Sur la route, et tandis qu'il récitait le chapelet, il marchait avec un air si serein, que les païens, qui suivaient le cortége, admiraient tout haut la mansuétude de notre confesseur, et gémissaient sur le sort réservé à un innocent. Le héraut, dont la fonction était de proclamer la sentence, rougissant sans doute de dévoiler l'injustice, n'ouvrit pas la bouche.

Après deux heures environ de marche,

Philippe parvint au lieu du supplice, mourant d'inanition et de soif, tout trempé de sueur. Là, il fléchit de nouveau les genoux, et renouvela avec beaucoup de ferveur l'oblation de sa vie. Cependant une planche était placée sur ses épaules avec cette inscription : « Minh, maître d'une religion perverse, sera décapité, et sa tête jetée dans le fleuve ; que cet exemple instruise les autres.» Alors l'un des satellites brise les chaînes du confesseur, un autre lui relève la chevelure sur la tête en forme de couronne, un troisième lie si étroitement les bras de la patiente victime, qu'on vit sa poitrine se soulever. Au milieu de tous ces préparatifs, il ne donna pas le moindre signe de crainte. « A l'exemple des justes qui l'avaient précédé, il avait désiré s'unir par sa mort et sa passion au Dieu de dilection [1]. »

Connaissant cependant fort bien la faiblesse humaine, il pria longtemps, après en avoir demandé la permission au mandarin,

[1] Saint Cyprien, en l'épître citée.

et on l'entendit s'écrier au milieu de sa prière : « O ma mère, venez à mon secours ! O Dieu, qui êtes mon père, pardonnez-moi mes péchés ! » Sa prière achevée, il salua bénignement un chrétien qui se trouvait présent, et le mandarin ayant crié : « Exécutez-le, » la tête du martyr tomba du premier coup. Chose étonnante ! à peine la tête du serviteur de Dieu fut-elle tombée, que tous les assistants, soldats et mandarins, troublés d'une crainte irrésistible, s'enfuirent précipitamment ; ils craignaient sans doute que Dieu ne tirât aussitôt une vengeance éclatante de la mort de l'innocente victime. Les chrétiens présents au martyre s'assemblèrent autour du corps, et recueillirent le sang du confesseur, achetèrent du bourreau sa tête au prix de trois ligatures, la rapprochèrent du tronc, et portèrent les vénérables dépouilles dans un village voisin appelé Cai-Nhum. Elles furent, le jour suivant, transférées dans la ville de Cai-Mang et enterrées au milieu d'une chapelle détruite, avec toutes les cérémonies de l'Église et au milieu du concours de près de mille chrétiens. Les chrétiens du pays vénèrent le maître de la religion comme un martyr de Jésus-Christ; et les missionnaires européens ont dû s'interposer pour empêcher que le culte public lui fût rendu. Le ciel a semblé vouloir, par des prodiges racontés dans les annales, engager le souverain pontife, en qui réside toute autorité en cette matière, à lever cette défense. La cause de béatification se poursuit activement. Puissions-nous bientôt voir ces vénérables reliques exposées sur nos autels! Puissions-nous bientôt nous unir à nos frères de l'extrême Orient pour rendre les honneurs publics à ces hommes généreux, qui continuent si noblement la trace sanglante qui marque sur la terre le passage de la vérité et de la civilisation!

# CHAPITRE III.

## MARTYRS DU TONG-KING.

On sait que le Tong-King, par suite des
révolutions qui ont agité, dès le commencement du siècle, l'Empire Annamite, se
trouve maintenant soumis au roi de Cochinchine. Tu-Duc devait naturellement y chercher des victimes; dans l'espace d'une année
il en trouva deux des plus illustrès, Mes-
sieurs Schœffler et Bonnard. « Demain samedi, 1er mai, anniversaire de la naissance
de M. Scœhffler pour le ciel, écrivait M. Bonnard en 1852, voilà, je crois, le jour fixé pour
mon sacrifice. » Ne séparons donc pas ces
deux fleurs de mai, cueillies le premier jour
du mois de Marie pour être offertes à la reine
des martyrs. Suivons pas à pas dans notre
récit, ainsi que nous l'avons fait jusqu'ici,

l'exposé présenté à la sacrée congrégation des rites par l'avocat de la cause.

Auguste Schœffler, né à Nancy, en Lorraine, en 1822, entra dans le Tong-King occidental dans le mois de juin de l'année 1848. Il se livra à l'étude de la langue annamite avec tant de zèle, que dans le court espace de six mois, il se rendit capable d'exercer le ministère apostolique; il s'y livra tout entier avec le zèle et l'ardeur qui le consumaient. Son évêque, admirant l'aptitude qu'il déployait dans le soin assidu de la vigne du Seigneur, se l'adjoignit dans la visite pastorale qu'il fit en l'année 1849; la visite heureusement terminée, Augustin se retira dans la province de Xu-Doai qui lui était confiée, et fixa son siége à Ban-Noque, principale ville de ce district.

La grandeur et la multitude des travaux auxquels il se livra dans le court espace de temps qu'il demeura dans ce pays, malgré plusieurs accès d'une fièvre violente et la persécution qui le forçait souvent à se tenir caché, ont vraiment de quoi étonner. Je di-

rai seulement que, dans une très-vaste province, coupée de tous côtés par des montagnes et des forêts, il entendit, en un an, jusqu'à 4,700 confessions, et qu'il distribua le
pain eucharistique à plus de 3,500 fidèles.

Cependant au commencement de l'année
1851, à l'occasion de la fuite de Hoang-Bao,
frère aîné du roi, qui fut calomnieusement
attribuée aux chrétiens par les grands du
royaume, les premiers mandarins de la capitale, sous les yeux du roi, et peut-être par
son ordre, renouvelèrent, contre la religion
chrétienne, les anciennes proscriptions.
L'édit stimule le zèle des chefs des cantons,
des maires de village, des mandarins infé-
rieurs, promet récompense à quiconque li-
vrera un prêtre européen, et finit par menacer les fonctionnaires négligents de châtiments exemplaires.

Peu de temps après la situation fut encore
aggravée par un nouvel édit secret, plus sévère que le premier, et que Tu-Duc envoya
aux mandarins de la province. Le roi, dans
cet édit, rappelle avec éloges les proscriptions

de Minh-Minh et de Thieu-Tri, « nos saints prédécesseurs, dit-il, qui, pour détruire le mal dans son principe, ont agi avec une sollicitude, avec une sévérité et une prudence consommées. Par la fidèle observation des rites, par l'étude de la musique et la bonne forme des vêtements, ils sont arrivés à un haut degré de civilisation. La base de notre religion c'est la droiture, mais elle serait bientôt viciée, si la doctrine de ces hommes, au cœur de sauvages, aux mœurs d'animaux (c'est ainsi qu'il désigne les chrétiens), était mise en pratique. » Les peines les plus sévères étaient prononcées contre les chrétiens. Les prêtres européens devaient être jetés dans les abîmes de la mer ou des fleuves. Les prêtres annamites et leurs disciples devaient être coupés par le milieu du corps; les dénonciateurs recevront huit taëls d'argent, et de plus la moitié de la fortune du coupable; les recéleurs seront coupés par le milieu des reins et jetés au fond de la mer. Telle est la teneur de ce fameux édit secret.

Cependant, et dans le temps même où ces décrets de mort semblaient menacer d'une destruction prochaine l'Église du Tong-King, le serviteur de Dieu reçut de son évêque l'annonce d'un jubilé qui devait être prochainement publié. Persuadé qu'il obtiendrait un plus heureux succès en commençant à promulguer le jubilé dans les paroisses supérieures de la province, il se dirigea vers ces pays dès les premiers jours du mois de mars de cette même année.

Cependant les païens du voisinage savaient qu'un Européen demeurait depuis quelque temps à Bau-No, et ils n'ignoraient pas qu'il ne tarderait pas à venir dans les contrées supérieures de la province. C'est pourquoi, tant pour assouvir leur haine que dans l'espérance de s'enrichir, ils conçurent le dessein de lui dresser des piéges et de s'emparer de sa personne. Ces malheureux réussirent dans leur projet criminel. L'homme de Dieu cheminait joyeusement, lorsqu'il tomba tout à coup dans le piége qui avait été tendu sous ses pas. L'ayant enchaîné, on le mit sous bonne garde, et, dans la nuit du 2 mars, il fut livré aux mandarins.

Interrogé par eux sur son nom, sa patrie, ses parents, le but de son voyage, les lieux qu'il avait habités, ceux où il avait reçu l'hospitalité, sur l'exercice prohibé de la religion chrétienne, le serviteur de Dieu, sans perdre son calme, satisfit à tout par ses réponses.

« Je me nomme Augustin, je suis Français, du diocèse de Nancy, prêtre de la religion chrétienne, âgé de vingt-neuf ans ; je suis venu dans ce pays pour y prêcher l'Évangile ; depuis mon arrivée, j'ai uniquement exercé ce ministère toutes les fois que je l'ai pu. Avant de quitter la France, je savais fort bien que la religion chrétienne était prohibée d'une manière sévère dans ce royaume, et que les prédicateurs y étaient mis à mort, mais ce fut précisément cette considération qui m'engagea à venir dans ce pays plutôt qu'ailleurs ; depuis mon arrivée j'ai parcouru plusieurs provinces, habité plusieurs maisons dont je ne me rappelle pas clairement

11.

les noms, et que je ne dénoncerai jamais
aux mandarins, lors même que je me les
rappellerais. »

Les mandarins étaient suffisamment instruits par de pareilles réponses ; ils avaient
entre les mains un accusé qui avouait son
crime. Dès le 5 mars, ils prononcèrent contre
le serviteur de Dieu la sentence capitale, et
le firent jeter en attendant dans la geôle des
condamnés à mort, confondu avec les autres
prisonniers.

« Ceux qui connaissent les cachots anna-
« mites et les prisonniers dont ils sont rem-
« plis, écrivait Mgr Retord, comprendront
« combien cette position dut lui être pénible.
« Quel martyre pour un prêtre européen de
« se trouver seul, à six mille lieues de sa
« patrie, dans une prison fétide, et dévoré
« par la vermine ; seul, au milieu de scélé-
« rats païens, qui vous regardent comme un
« animal curieux, se raillent outrageusement
« de votre innocence, vous fatiguent par les
« questions les plus absurdes, et frappent
« continuellement vos oreilles par les con-

« versations les plus obscènes ! Seul, le cou
« rongé par la cangue, les pieds déchirés
« par les ceps, sans un ami pour décharger
« son cœur, sans une personne de confiance
« à qui vous puissiez adresser un mot pour
« adoucir les amertumes de votre âme !
« Cependant M. Schœffler parut toujours
« joyeux et content de son sort. »

La sollicitude du vicaire apostolique finit
par adoucir un peu les rigueurs de sa captivité. Grâce aux largesses des fidèles, on put
le faire transférer dans un appartement sé-
paré, où un prêtre indigène vint le confesser.
Un mois s'était écoulé depuis l'arrestation
du serviteur de Dieu, lorsque le 4 avril, la
sentence de mort, confirmée par le roi, arriva aux mandarins. L'exécution en fut pourtant différée jusqu'au premier jour du mois
de mai, bien que, d'après la coutume du
pays, le serviteur de Dieu eût dû être décapité le jour même où la sentence royale
fut notifiée aux mandarins. Ce jour-là même,
elle fut annoncée au serviteur de Dieu devant les employés des mandarins et la foule

des prisonniers, qui manifestèrent unanimement leurs sentiments de regrets et de compassion. On vit clairement alors quelle était la force d'âme du héros chrétien, car il quitta lui-même ses sandales, les jetant loin de lui pour courir plus librement et plus vite à la couronne.

Le martyr marchait le visage riant, la tête haute, tenant de sa main sa chaîne relevée. Il était entouré d'une foule nombreuse de satellites; l'un d'eux portait une petite planchette élevée sur une lance, et sur laquelle on lisait : « Malgré la sévère défense por- « tée contre la religion chrétienne, le sieur « Augustin, prêtre européen, a osé venir « clandestinement ici pour la prêcher, et « séduire le peuple. Arrêté, il a tout avoué « avec vérité. Son crime est patent. Que « le sieur Augustin ait la tête tranchée et « jetée dans le fleuve. » Le martyr s'avançait avec tant de majesté, et la joie céleste, qui inondait son âme, rayonnait à ce point sur son visage, que les païens saisis d'admiration, s'écriaient : « Quel héros! Il va à la mort comme les autres vont à une fête !

— Quel courage ! Pas le moindre signe de frayeur !

— Quel bel homme ! Quel air de bonté et de douceur !

— Pourquoi le roi égorge-t-il des hommes semblables ? »

Cependant on était arrivé au lieu du supplice : le serviteur de Dieu se mit à genoux, et, avec une grande ferveur, offrit à Dieu le sacrifice de sa vie; puis, prenant son crucifix, il le baisa plusieurs fois avec une inexprimable émotion. Sur l'invitation du bourreau, il quitta son habit, découvrit son cou, fléchit de nouveau les genoux, et éleva les yeux vers le ciel. Il fallut trois coups de hache pour détacher la tête, et couronner ce glorieux martyr.

La foule innombrable des païens qui assistaient à ce spectacle, comprit que ce n'était point là un criminel vulgaire, mais une illustre et vénérable victime. A peine le précieux chef du serviteur de Dieu eut-il été détaché du tronc, que, loin de prendre la fuite comme ils le font ordinairement, ils se précipitèrent sur les soldats, se disputant ses vêtements et les herbes humectées de son sang. Ils regardaient ces objets comme des choses qui devaient porter bonheur, et tout fut enlevé en un instant.

Conformément à la sentence, la tête du martyr fut jetée dans le fleuve, et les bourreaux enterrèrent son corps au lieu même du supplice; mais le piquet de soldats préposé à sa garde, s'étant retiré vers le milieu de la nuit, les néophytes exhumèrent les vénérables restes, et les transportèrent dans la ville voisine, où ils reçurent les honneurs de la sépulture dans la maison du maire de la localité, qui était chrétien.

Un an après, jour pour jour, une autre victime était également immolée à la fleur de son âge. C'était M. Jean-Louis Bonnard, du diocèse de Lyon. Il était né à Saint-Christôt-en-Jarret, dans le mois de mai de l'année 1824. Sa mère, qui vit encore, est très-recommandable par sa piété. Elle sut inspirer à son fils, dès son bas âge, les sentiments chrétiens qui l'animaient, et le confia de bonne heure aux soins des prêtres du séminaire de Saint-Jodard. Il passa de là au grand séminaire de Lyon, et, à vingt-deux ans, il entrait au séminaire des Missions étrangères, où il acheva son cours de théologie. Ordonné prêtre par Mgr Sibour, archevêque de Paris, il s'embarqua deux mois après, à Nantes, sur le vaisseau *l'Archevêque Affre*. Ce nom d'une autre victime de la charité était un heureux présage pour le saint missionnaire. Au temps pascal de l'année 1850, il abordait tout joyeux et brûlant de zèle sur la terre annamite. Un grand et saint évêque, Mgr Retord, son compatriote, gouvernait la province où il devait exercer le saint ministère. Il se mit aussitôt et avec la plus grande ardeur à l'étude de la langue annamite, et dès la fin de l'année, il pouvait exercer parmi les infidèles les fonctions sacerdotales.

Son évêque, auquel il s'était attaché comme un fils à son père, le retint cependant auprès de lui jusqu'à la fin d'avril de l'année suivante, afin de l'initier à la connaissance des personnes et des choses de la mission. En l'attachant ainsi aux pas du digne pasteur, la Providence avait un autre dessein. Elle voulait que le pasteur pût rendre un jour de son fils chéri ce magnifique témoignage : « C'est pendant qu'il était « avec moi, comme un enfant avec son père « (écrivait Mgr Retord à un autre prêtre « lyonnais, jadis confesseur de la foi au « Tong-King)[1], c'est pendant qu'il était avec « moi, que j'ai connu et admiré la douceur « de son caractère, la ferveur de son zèle, « son humilité profonde, sa candeur si simple et si franche, sa résignation absolue « et son filial abandon entre les mains de la « divine Providence. » Il l'envoya dans le courant de l'année 1851, au mois d'avril, au village de Ké-Bang, le chargeant d'administrer, non-seulement la paroisse de ce nom,

---

[1] M. Charrier, actuellement directeur au séminaire des Missions étrangères.

mais encore une autre nommée Ké-Tring. Il s'y fit grandement aimer de tout le monde, et après y avoir, pendant peu de temps, donné la nourriture spirituelle aux chrétiens avec beaucoup de fruit, il se rendit de là dans la petite chrétienté de Boi-Xuyen.

Mais un mandarin païen eut connaissance de ce voyage, et crut devoir informer le sous-préfet de la ville voisine de la présence du missionnaire à Boi-Xuyen. Aussitôt ce dernier lança un piquet de soldats à sa poursuite. Le serviteur de Dieu suppléait les cérémonies du baptême de quelques enfants, au moment où les soldats envahirent le village pour l'arrêter. On le prévint du danger qui était imminent; il prit la fuite, ainsi qu'on le lui conseillait, au travers des marais et des champs de riz; ce fut en vain. Les soldats l'entourèrent, le saisirent, le lièrent étroitement, et le conduisirent, sous bonne escorte, devant le sous-préfet. Cet événement se passait le 21 mars de l'année 1852. Dès lors le serviteur de Dieu se tint prêt à souffrir tout ce qui pouvait lui arriver, pour la cause de Dieu. Le lendemain matin, il fut conduit à là ville principale de la province, chargé d'une lourde cangue; et, après avoir été exposé pendant une demi-heure aux outrages des païens qui se pressaient dans la cour du prétoire, il comparut devant le mandarin, et fut enfin jeté dans une infecte prison.

Le jeune confesseur se sentait heureux de se voir couvert de la livrée de Jésus crucifié. « J'ai sur moi, écrivait-il, mon scapulaire, ma médaille et ma croix; ce sont là, avec ma cangue et ma chaîne, des trésors que je n'échangerais pas contre ceux des monarques. »

Une lettre de son évêque vint l'animer au combat dans sa prison. Cette lettre est si admirable, elle respire tellement la charité et le saint enthousiasme des chrétiens des premiers siècles, que nous ne pouvons résister à la tentation d'en reproduire quelques extraits : « Vous avez bien du bonheur d'être, « d'une manière si visible, le bien-aimé du « Dieu des souffrances; sans cela j'aurais eu « envie de vous en faire quelques reproches.

« Pourquoi quitter le village de Ké-Bang,
« d'où votre travail pouvait rayonner au loin,
« pour aller vous jeter dans cette impasse
« de Boi-Xuyen. Vous y faisiez une si riche
« moisson!... Mais non, je ne veux pas vous
« gronder; c'est Dieu qui l'a voulu ainsi,
« vous y gagnerez le ciel, et il en tirera sa
« gloire et celle de l'Église; seulement je
« suis triste de n'être pas de la partie. Quelle
« belle carrière que celle des martyrs! Ah!
« je suis plus que triste, je suis jaloux de
« vous voir partir avant moi pour la céleste
« patrie, par le chemin le plus sûr et le plus
« court, tandis que je reste encore sur cette
« terre orageuse sans savoir quand je par-
« viendrai au port, sans même être assuré
« d'y parvenir jamais. Moi, votre évêque,
« moi le vieux capitaine de vingt ans de
« service en terre étrangère, ne devais-je
« pas être couronné avant vous? Comment
« osez-vous me supplanter ainsi? Mais je
« vous pardonne, parce que c'est Dieu qui
« l'a voulu. Je vous pardonne dans l'espoir
« fondé, qu'au ciel vous serez un nouveau

« et zélé protecteur de notre mission, et que,
« par vos prières, vous finirez tôt ou tard
« par m'attirer là-haut. »

Quelques jours après, le tendre père en-
voyait au prisonnier le P. Tink, ancien confesseur de la foi, pour lui procurer la grâce
des sacrements. Le confesseur en fut fort
consolé, et le vendredi saint, il écrivait à son
évêque : « Hier, j'ai eu le bonheur de rece-
« voir la sainte communion après m'être
« confessé. Il y a bien longtemps que je
« n'avais ressenti autant de joie en possé-
« dant le roi des anges. Vraiment, il faut
« être en prison, la chaîne et la cangue au
« cou, pour pouvoir comprendre combien
« il est doux de souffrir quelque chose pour
« celui qui nous a tant aimés. J'éprouve un
« plus grand contentement de mon sort
« qu'aucun heureux du siècle dans la pros-
« périté. Mes chaînes et ma cangue sont
« pesantes; croyez-vous que j'en sois peiné?
« Oh ! non, je m'en réjouis au contraire, car
« je sais que la croix de Jésus était plus
« lourde que ma cangue, que ses chaînes

« étaient bien plus difficiles à supporter que
« les miennes, et je me trouve bien heu-
« reux de pouvoir dire avec saint Paul, *vinc-*
« *tus in Christo.* Depuis mon enfance j'avais
« souhaité ce bonheur, maintenant il me
« semble que le bon Dieu m'exauce. Je re-
« mercie donc le Seigneur de la part qu'il
« m'a faite, malgré mon indignité... Je me
« confie tout entier en la bonté divine ; si
« la chair et le sang sont parfois un peu
« tristes, l'agonie de Jésus au jardin des
« Olives relève mon courage et ma patience,
« pour endurer avec joie tout ce que m'en-
« voie son amour. Je me trouve heureux de
« souffrir, je voudrais même souffrir davan-
« tage, pour expier tant de fautes que j'ai
« commises. »

Fortifié par le pain eucharistique, le serviteur de Dieu comparut enfin devant le
mandarin. Interrogé sur son nom, sa patrie, son âge, l'époque où il avait abordé au
Tong-King, il répondit clairement à toutes
ces questions. On lui demanda ensuite quels
lieux il avait habités depuis son arrivée jus-

qu'au jour de son arrestation, et le nom des personnes qui l'avaient accueilli. Le serviteur de Dieu déclara qu'il ne pouvait répondre à de telles questions, car il ne voulait point trahir les chrétiens. On lui présenta ensuite un crucifix pour qu'il le foulât aux pieds, lui promettant la liberté s'il obéissait, et le menaçant de la mort s'il s'y refusait. Le serviteur de Dieu s'écria d'une voix ferme: « Je vous ai déjà dit que je ne crains ni votre « rotin, ni la mort ; je suis prêt à tout souf- « frir ; mais commettre une telle lâcheté, un « crime si affreux, jamais ! Je ne suis pas « venu ici pour renier ma religion, ni don- « ner de mauvais exemples aux chrétiens. »

Découragé par une telle réponse, et voyant qu'il ne pourrait vaincre, ni par les caresses, ni par les menaces, l'admirable constance du serviteur de Dieu, le tyran rendit le 5 avril son arrêt conçu en ces termes : « Ayant exa- « miné ces trois coupables au milieu du « prétoire (car deux chrétiens avaient été « arrêtés avec le serviteur de Dieu), j'ai dé- « couvert que l'un d'eux (c'est le serviteur

« de Dieu), prêtre de Jésus, est évidemment
« Européen. Il a le nez long, la barbe épaisse,
« les cheveux courts, les yeux jaunes, la
« peau d'un blanc pâle ; il a déclaré se nom-
« mer Bonnard. Il est Français, âgé de vingt-
« neuf ans. Il y a deux ans qu'ayant obtenu
« un passe-port d'un grand mandarin de son
« pays il vint sur un vaisseau français, jus-
« qu'à la ville de Macao. Un mois après, il
« s'embarqua de nouveau sur un navire chi-
« nois pour parvenir dans ce royaume, en
« parcourir les provinces et y prêcher sa
« religion. Arrivé sur les côtes annamites,
« il aperçut une petite barque de pêcheur
« montée par deux hommes qui faisaient
« furtivement le signe de la croix. A ce signe,
« il reconnut que c'était des chrétiens ; il
« descendit dans leur barque, et, à la faveur
« de la nuit, fut déposé à terre, puis con-
« duit à différents endroits solitaires, le long
« du rivage..... Il n'a jamais voulu faire con-
« naître le nom du rivage où il a abordé, ni
« les lieux qu'il avait parcourus, ni les mai-
« sons qui l'avaient accueilli, ni les individus

« qu'il avait séduits et trompés. Nous l'avons
« interrogé là-dessus à deux ou trois repri-
« ses, sans pouvoir lui arracher un aveu. Il
« a résisté à tous nos efforts. Son affaire ne
« demande pas un plus long examen. C'est
« un barbare d'Europe, un grand criminel;
« n'est-il pas évident qu'il doit être mis à
« mort? »

Cependant le serviteur de Dieu, retenu
dans les fers, put, non-seulement se confesser, mais encore être nourri et fortifié
plusieurs fois du pain des anges. A la fin du
mois d'avril, sentant que son dernier jour
approchait, il écrivit à son évêque une lettre
remplie de sentiments tout à fait dignes d'un
confesseur de la foi :

« Monseigneur et mes chers confrères,

« Voici la dernière lettre que je vous écris;
« mon heure solennelle est sonnée ! Adieu !
« adieu ! Je vous donne à tous, vous qui m'ai-
« mez et qui vous souvenez de moi, je vous
« donne à tous rendez-vous au ciel : c'est là
« que j'espère vous revoir et n'avoir plus la

« douleur de vous quitter. J'espère en la mi-
« séricorde de Jésus, j'ai la douce confiance
« qu'il m'a pardonné mes innombrables fau-
« tes; j'offre volontiers mon sang et ma vie
« pour l'amour du bon Maître, et pour ces
« chères âmes que j'aurais tant voulu aider
« de toutes mes forces; je pardonne de grand
« cœur à ceux qui se reprocheraient quel-
« que chose à mon égard. N'allez pas croire
« trop tôt que je n'ai plus besoin de prières,
« de peur que je n'aie à souffrir de votre ex-
« cessive confiance; continuez, je vous en
« conjure, à vous souvenir de moi, ainsi que
« je vous l'ai dit devant Dieu; s'il prend
« pitié de mon âme, et que je puisse quelque
« chose auprès de sa bonté souveraine, soyez
« bien persuadés que je ne vous oublierai
« pas. — Demain samedi, fête des saints
« Philippe et Jacques, 1er mai, anniver-
« saire de la naissance de M. Schœffler pour
« le ciel, voilà, je crois, le jour fixé pour
« mon sacrifice : *Fiat voluntas Dei*. — Je
« meurs content..... Que le Seigneur soit
« béni ! Adieu à tous dans les saints Cœurs

« de Jésus et de Marie. *In manus tuas, Do-*
« *mine, commendo spiritum meum. In corde*
« *Jesu et Mariæ osculor vos, amici mei. —*
« *Vinctus in Christo.* JEAN-LOUIS BONNARD. »

L'espérance du serviteur de Dieu ne fut
pas trompée ; car le 30 avril, jour où il écrivait la lettre que nous venons de citer, l'édit
qui confirmait sa sentence fut apporté au
mandarin. La nouvelle s'en répandit aussitôt, et le jour suivant, qui était le premier
jour de mai, une grande multitude de païens,
tant de la ville que des environs, occupa, de
grand matin, le lieu du supplice. L'invincible athlète de Jésus-Christ, qui peu auparavant avait été fortifié du pain céleste, est
tiré de son cachot infect ; ses épaules étaient
accablées sous le poids d'une cangue énor-
me, ses membres chargés de chaînes. Et
cependant, muni d'une force surhumaine, il
fit à pied le trajet qui le séparait du lieu du
supplice, qui n'est pas moindre que cinq
milles. Son visage respirait une joie céleste.
Il y arriva entouré d'une nombreuse co-

horte de soldats. Mais on avait oublié les instruments nécessaires pour couper sa cangue et briser ses chaînes, il lui fallut attendre le moment du supplice pendant une heure entière. Et toutefois, pendant tout ce temps, l'intrépide soldat du Christ (bien qu'il eût les mains fort étroitement liées derrière le dos), les genoux en terre et les yeux fixés au ciel, pria avec beaucoup de ferveur. Enfin sa cangue fut coupée, ses fers rompus, et au troisième son de la trompette, sa tête tomba sous un seul coup de sabre.

« Le Seigneur lui avait donné des armes divines, c'est-à-dire des armes qui rendent invincibles, la cuirasse de justice qui jamais n'est rompue, le bouclier de la foi qui ne peut être percé, le casque du salut qui ne peut être brisé, et le glaive de l'esprit qui ne saurait être entamé. » (*Epistola confessorum ad Cyprianum; inter Cyprianicas.*)

Les chrétiens, selon la coutume, entouraient le lieu du supplice, tout prêts à recueillir les restes précieux du martyr; mais des soldats armés les empêchèrent d'approcher. Il arriva de là que les païens enlevèrent à l'envi non-seulement les habits du serviteur de Dieu, mais encore les anneaux de sa chaîne, les chevilles de sa cangue, et même ses cheveux. Jusqu'à ce jour, ils vendent à grand prix ces objets aux fidèles. Quant au corps et au chef du martyr, ils furent retrouvés par des pêcheurs chrétiens. Envoyés par eux au collége de la mission, ils furent honorablement inhumés et y sont conservés comme de précieux trésors.

# CHAPITRE IV.

## MARTYRS DE LA CHINE.

Tandis que le procès des serviteurs de Dieu, dont nous venons de raconter la fin glorieuse, se poursuivait en cour de Rome, des nouvelles arrivèrent de Chine, qui annonçaient le martyre d'un autre missionnaire français, Auguste Chapdelaine, et de deux chrétiens indigènes, Laurent Pémou et Agnès Tsau-Kong. Bientôt cette nouvelle fut confirmée par l'arrivée en France du préfet apostolique de Canton[1], qui vint se présenter au souverain pontife, tenant en main les actes authentiques de ces trois nouveaux confesseurs de la foi. Le Saint-Père voulut

[1] Maintenant évêque de Cybistra. Monseigneur Guillemin a été sacré de la main de Pie IX, et a reçu le titre de vicaire apostolique de Canton et de Kouang-Si. Il vient de repartir pour sa mission.

12.

que les martyrs de la Chine fussent associés aux glorieux athlètes de Corée et du royaume d'Annam, bien que le terme de rigueur, pour que le procès de béatification pût s'ouvrir, fût loin d'être expiré, et que la terre fût encore humide du sang versé. L'éclat de la victoire, que les vénérables confesseurs y avaient déployé, justifiait, ainsi que nous allons le voir, un privilège peut-être inouï dans les fastes de l'Église.

Auguste Chapdelaine naquit au village de la Rochelle, dans le diocèse de Coutances, en l'année 1814. Il appartenait au séminaire des Missions étrangères à Paris. Il fût le premier qui, après un grand nombre d'années d'interruption, partit pour la mission du Kouang-Si, pour y annoncer l'Évangile. Après avoir essuyé bien des dangers, et avoir heureusement échappé à tous les accidents par lesquels la Providence le fit passer, il y parvint le cœur rempli de joie. Là, il lui fallait apprendre un idiome nouveau, attirer à l'Évangile une nation barbare, lui annoncer la bonne nouvelle, l'instruire. Il supporta

gaiement tous ces travaux. Déjà il avait recueilli d'assez beaux fruits de son ministère
et pouvait se promettre une ample moisson,
lorsqu'il fut pris une première fois et conduit au préfet de la ville de Si-Ling-Hien. Il
comparut avec courage devant le tribunal,
fut jeté en prison et chargé de fers. Mais peu
après, Dieu changea les dispositions du magistrat qui, frappé d'admiration pour la religion chrétienne, le remit en liberté. L'espoir
releva son courage, et il attendait de sa mission les plus heureux résultats. Mais voici
qu'à l'occasion de dissentiments soulevés
entre un mari chrétien et une femme de famille infidèle, les parents de la femme, ou-
trés de dépit, chargèrent les chrétiens d'une
injuste accusation, et signalèrent surtout au
préfet le nom du maître Ma (c'est le nom
d'Auguste dans la langue chinoise). Mais,
pour que la calomnie fût aussi absurde et
ridicule qu'elle était impie, ils accusèrent
faussement l'homme de Dieu de magie et de
sortilége : il apprenait, disaient-ils, à ses
disciples à voler dans les airs.

Alors le mandarin, ayant poursuivi l'instruction *d'un si grand crime* avec la maturité convenable, réunit les chefs militaires, et leur ordonna d'appeler autour d'eux une vile multitude d'hommes désœuvrés, comme cela se pratique parmi eux; d'envahir avec cette levée le village de Iao - Chan, qu'habitaient les chrétiens, et de s'emparer par ruse ou par force du chef des chrétiens. Pour exécuter ces ordres, les satellites pénètrent dans le village, y bouleversent tout, pillent tout ce qu'ils peuvent, et jettent dans les fers quinze des plus notables chrétiens du pays; mais ils cherchent vainement le serviteur de Dieu, qui se trouvait en ce moment dans une ville voisine. Averti à temps, il put se soustraire aux poursuites. Heureusement arrivé dans la ville de Si-Ling-Hien, il demeurait dans la maison d'un chrétien; mais à cause de la proximité du tribunal, il se trouvait exposé au danger imminent d'être arrêté par les satellites. Que faire? Se soustrairait-il au danger, et laisserait-il exposé à une si grande tempête son petit troupeau de fidèles qui, par ses soins, venait seulement de naître à la foi? ou bien attendrait-il courageusement les soldats, pour que la vengeance des barbares se tournât contre lui seul? La charité l'emporta sur la prudence, et il demeura, pour que du moins il consolât les fidèles par sa patience et ses exemples. Tandis que, prosterné, il demandait au ciel le courage, l'appariteur du préfet se présente, et déclare qu'il vient au nom de son maître.

« Attendez, répond sans se troubler le serviteur de Dieu, j'aurai bientôt terminé ma prière; dites à votre maître que j'arrive à l'instant. »

Alors les hommes armés entourent la maison; on se saisit du serviteur de Dieu, on le charge de chaînes, et on l'amène au prétoire avec deux compagnons, chrétiens comme lui. Jeté en prison, chargé de la cangue, il attendit très-patiemment le supplice. Enfin, forcé de comparaître devant le tribunal, interrogé sur la religion, il répondit comme il convenait à un prêtre chrétien.

Comme le mandarin mêlait à l'interrogatoire des questions impertinentes ou absurdes, le serviteur de Dieu, imitant l'exemple
de Notre-Seigneur Jésus-Christ, ne répondit rien. Le juge, irrité, lui fit administrer
cent coups sur la joue avec la semelle de
cuir. Or, on sait qu'un seul coup de ce barbare instrument suffit pour faire jaillir le
sang de la figure et de la bouche. La rigueur avec laquelle ce supplice fut infligé
au serviteur de Dieu dut, à la lettre, lui faire
sauter les dents et briser la mâchoire. Ainsi
mis hors d'état de parler et de répondre, on
le fit coucher sur le ventre et on lui déchar-
gea encore trois cents coups de rotin sur
le dos. Pendant ces horribles tortures, il ne
lui arriva pas de pousser un soupir, ou de
proférer la moindre plainte; au point que
les mandarins en étaient dans l'admiration
et dans la stupeur. Ils ne surent qu'attribuer
à des opérations magiques une si admirable
constance; et pour les conjurer, ils firent
asperger le corps du martyr du sang d'un
chien nouvellement égorgé; puis on conti-

nua de le frapper, sans compter désormais les coups, jusqu'à ce qu'on le vît incapable de se remuer. Alors on le reporta dans sa prison. Là, un miracle de la toute-puissance divine étonna les satellites. Car on vit le confesseur qui, peu d'instants auparavant, brisé par la torture, ne pouvait se remuer, se lever tout à coup et marcher, comme il l'eût fait en parfaite santé. On s'approcha, on lui demanda l'explication du prodige :

« C'est le bon Dieu, répondit-il en souriant, qui m'a protégé et béni. »

Cependant les bourreaux, enflammés d'une aveugle fureur et se raffermissant dans une affreuse opiniâtreté, s'efforcèrent, par de nouvelles tortures, de briser la constance du serviteur de Dieu. Pendant un jour entier il fut soumis au supplice de la chaîne de fer ; or, les paroles d'un autre glorieux serviteur de Dieu, le Père Perboyre, nous feront comprendre la nature de ce supplice :

« Je restai, écrivait-il, une demi-journée
« à genoux sur une chaîne de fer, et j'étais
« maintenu dans cette posture par des cor-

« des qui me liaient les pouces et les pieds,
« de manière que tout le poids du corps
« portait sur mes genoux. »

Le serviteur de Dieu ayant souffert courageusement tous ces supplices, fut enfermé,
le 25 février, dans une cage de fer, supplice
affreux dont nous trouvons la description
dans le récit de monseigneur Guillemin.
Deux planches sont jointes ensemble, de façon qu'au milieu de l'instrument soit pra-
tiqué un trou, qui enserre le cou du patient.
Le martyr est suspendu, de manière à ce
que sa tête seulement dépasse la cage et
que les pieds touchent assez la terre pour
qu'il ne soit pas étranglé sur-le-champ. Ainsi
ses douleurs se prolongent et s'accroissent
incessamment dans de longues tortures. Le
serviteur de Dieu passa un jour et une nuit
tout entière dans cet affreux supplice. Enfin le jour suivant, le mandarin, craignant
qu'à la faveur de la magie, il pût se soustraire à la mort, ordonna de lui trancher la
tête. C'est ainsi qu'il lui accorda ce qu'il
avait désiré, de répandre son sang et de

donner sa vie pour le nom de Jésus-Christ.

Ce n'est qu'avec horreur que nous nous résignons à dire les outrages et les avanies que la barbarie chinoise prodigua aux précieuses reliques du martyr. On suspendit par les cheveux sa tête qu'on abandonna aux coups et aux outrages de la populace, jusqu'à ce que, détachée à coups de pierres et jetée dans la boue, elle servît de proie aux chiens et aux bêtes immondes. On ne peut savoir si son corps a été conservé ; le bruit qui semble prévaloir, c'est que, jeté au milieu d'immondices, il a servi de nourriture aux animaux. Le cœur, arraché de la poitrine et coupé en pièces par ces barbares, fut rôti dans une poêle et leur fournit un repas digne d'eux.

Les armes de la France tirent en ce moment vengeance d'un forfait qui déshonore l'humanité. L'Église, de son côté, le vengera comme il lui convient, en permettant aux fidèles de vénérer, comme un saint et un martyr, l'intrépide héros que la congrégation des missions étrangères a produit après tant d'autres.

Un autre martyr s'était illustré dans la même arène. En effet, après que la persécution se fut ouverte contre les chrétiens, ainsi que nous l'avons raconté plus haut, dans le village d'Iao-Chan, et que le Père Auguste Chapdelaine se fut retiré dans la ville de Si-Ling-Hien, un néophite, que sa pauvreté et la simplicité de son cœur rendaient méprisable aux regards profanes, se distingua tellement par sa fidélité pour Dieu et pour le maître qui l'avait instruit, qu'il se donna entièrement à ce dernier à la vie et à la mort, se déclarant prêt à souffrir tout ce qui pourrait arriver. Son nom était Laurent Pémou. Bien que récemment baptisé, il se faisait admirer par son invincible courage.

Cependant quelques femmes, dont les maris ou les enfants avaient été pris pour la cause de la religion, vinrent trouver le missionnaire, afin de le consulter sur ce qu'il serait expédient de faire pour les prisonniers. On arrêta que les femmes elles-mêmes iraient trouver le mandarin, pour tâcher de l'émouvoir par leur deuil et leurs gémissements. Mais comme elles étaient arrêtées par la crainte, Laurent s'offrit à les conduire lui-même au mandarin en prononçant ces mémorables paroles :

« Si vous ne voulez pas aller seules devant le mandarin, je vous y conduirai ; et s'il faut mourir, mourons pour la gloire de Dieu et le salut de nos âmes. »

Ce qu'il dit il le fit ; car le mandarin, irrité des gémissements des femmes, ordonna de le jeter aux fers, et le réserva pour le supplice. Amené au tribunal, le 4 du mois de mars, il y confessa généreusement sa foi.

« Pourquoi, dit le mandarin, pratiques-tu la religion du Seigneur du Ciel, qui est une religion perverse et porte le peuple à la révolte ? »

Cet homme très-courageux répondit hardiment : « Non, la religion du Seigneur n'est rien de ce que vous lui reprochez : ce qu'elle enseigne, c'est de fuir le mal, de pratiquer le bien, et de sauver nos âmes. »

— Pourquoi suis-tu le maître Ma?

— Je le suis, parce qu'il nous apprend à connaître le vrai Dieu, et à pratiquer sa sainte religion.

— Veux-tu le suivre encore?

— Oui, je ne l'abandonnerai jamais.

— Si tu ne renonces à ta religion, je te ferai couper la tête.

— Le mandarin peut me couper la tête, non-seulement la mienne, mais encore celle de ma femme et de mes enfants; mais renoncer à la religion du Seigneur du Ciel, cesser de lui adresser mes adorations, oh! non, jamais je ne me rendrai coupable d'une si noire trahison! Mandarin, coupez-moi la tête si vous voulez, mais je n'apostasierai jamais!

Cette éclatante et si noble profession de foi enflamma tellement la colère du magistrat, qu'il le fit battre très-cruellement. « Puisque tu désires, dit le tyran furieux, qu'on te coupe la tête, je vais te satisfaire;» et sur le champ il mande le bourreau, qui tire son sabre et décapite le martyr. Depuis

cinq jours seulement, le confesseur avait
reçu le baptême et recouvré son innocence
dans les eaux du Sacrement. Ainsi sa robe
encore blanche reçut un nouvel éclat dans
la pourpre du martyr. Il parut qu'il avait
puisé dans son baptême la constance du
saint martyr dont il partage le nom; il y
avait puisé aussi l'admirable fidélité à son
pasteur, qui lui est commune avec le héros
de Rome.

Agnès Tsau-Kong l'avait précédé de quelques jours dans le ciel. Elle naquit dans la
province de Kouei-Tcheou en l'année 1833.
Son père était pauvre, mais il était chrétien.
De bonne heure elle aima la piété et la cultiva constamment. Ayant perdu ses parents
à l'âge de quinze ans, elle fut charitable-
ment recueillie par les missionnaires. Instruite par eux dans les lettres humaines, elle
faisait concevoir de belles espérances. Mariée
à un chrétien, elle vécut avec son mari l'espace de trois ans; puis, son mari étant mort,
elle supporta très-saintement sa pauvreté et
son veuvage. Et en effet, le père Chapde-

laine répandant au loin l'évangile dans la province de Kouang-Si, elle sollicita de lui la faveur d'instruire les femmes. Elle l'obtint, et s'acquitta de sa charge de manière à recommander, par l'exemple aussi bien que par la parole, les vertus de la femme chrétienne.

Tandis qu'elle vivait ainsi dans le village d'Iao-Chan, elle se vit tout à coup environnée de satellites, qui envahirent sa demeure. Jetée dans un cachot, elle en supporta les horreurs avec patience, bien qu'elle fût chargée de chaînes et qu'elle portât la cangue.

Le tyran s'efforça par tous les moyens de vaincre la constance de notre héroïne, mais elle traita avec un égal mépris les promesses et les menaces, les flatteries et les outrages, l'appareil des supplices et l'espérance des délices qu'on lui promettait; elle se rit de toutes ces armes du tyran et les foula aux pieds. Quantité de détails des entretiens de l'héroïne avec le mandarin ne nous sont pas parvenus; mais des témoins nous en ont conservé quelques-uns. Après une première question sur son pays, elle fut soumise à cet interrogatoire :

« Qui t'a enseigné la religion chrétienne?

—Mes parents, qui ont toujours été chrétiens ; ensuite j'ai été envoyée à l'école, où j'ai un peu appris à lire.

— Qu'es-tu venue faire ici?

—Il y a deux ans, un grand nombre de personnes ayant embrassé le christianisme dans ce pays, je suis venue pour enseigner aux femmes et aux filles à prier et à servir Dieu. »

Puis, après qu'elle eut réfuté les ridicules calomnies sur l'art de voler dans les airs, qu'on attribuait aux chrétiens, et sur ce qu'on la disait la femme du missionnaire ; après qu'elle eut sagement répondu aux autres demandes qu'on lui adressa, évité les autres avec prudence, on en vint enfin à des arguments d'un autre genre.

« Si tu ne renonces pas à la religion de ton maître Ma, lui dit le tyran, je te ferai mourir.

«—Faites-moi mourir si vous voulez, mais je ne renoncerai jamais à la religion du maître Ma, qui est la religion du Seigneur du Ciel.

— Comment veux-tu que je te fasse mourir ?

— Du même supplice que le maître Ma. »

La chose se réalisa, et le tyran exécuta les désirs de l'héroïne. Le 28 février, elle fut renfermée dans une cage, dans le même temps que le père Chapdelaine était mis dans la sienne. Placés à peu de distance l'un de l'autre, les deux martyrs pouvaient se voir; et, quoiqu'il ne pussent se parler, ils s'animaient par l'exemple d'un mutuel courage à l'espérance et à la constance dans l'épreuve. Après avoir passé quatre jours au milieu de cette cruelle torture, cette sainte et illustre héroïne, consumée par la faim, la soif, toute mutilée et brisée, remit son âme entre les mains de son créateur et alla recevoir, de la main de Jésus-Christ, la couronne du martyre.

Dieu ne voulut pas que la gloire de ses

serviteurs demeurât cachée. Le 23 février, la veille du jour où les satellites envahirent le village de Iao-Chan, on vit dans les airs une couronne brillante, dont l'éblouissante splendeur environnait une croix également lumineuse. Dieu présageait ainsi la victoire à ses serviteurs, et leur annonçait, sans qu'ils pussent le comprendre alors, que, par la croix, ils obtiendraient la couronne. Les païens en tirèrent de tristes présages pour les accusateurs; et on peut juger de leur effroi aux prodiges qui suivirent la mort des saints confesseurs. Quelques jours après les événements que nous venons de rapporter, la foudre tomba sur l'arbre où l'on avait suspendu la tête du Père Chapdelaine, et le fracassa; de là, elle alla enfoncer les portes du tribunal où le Père avait été jugé et si indignement outragé; puis, se transportant à la pagode où les satellites étaient allés faire leurs adorations après l'exécution, elle renversa le monument et le détruisit.

FIN.

13.

# TABLE.



FIN DE LA TABLE.

PARIS. — IMPRIMERIE DE P.-A. BOURDIER ET Cᵉ,
30, rue Mazarine.

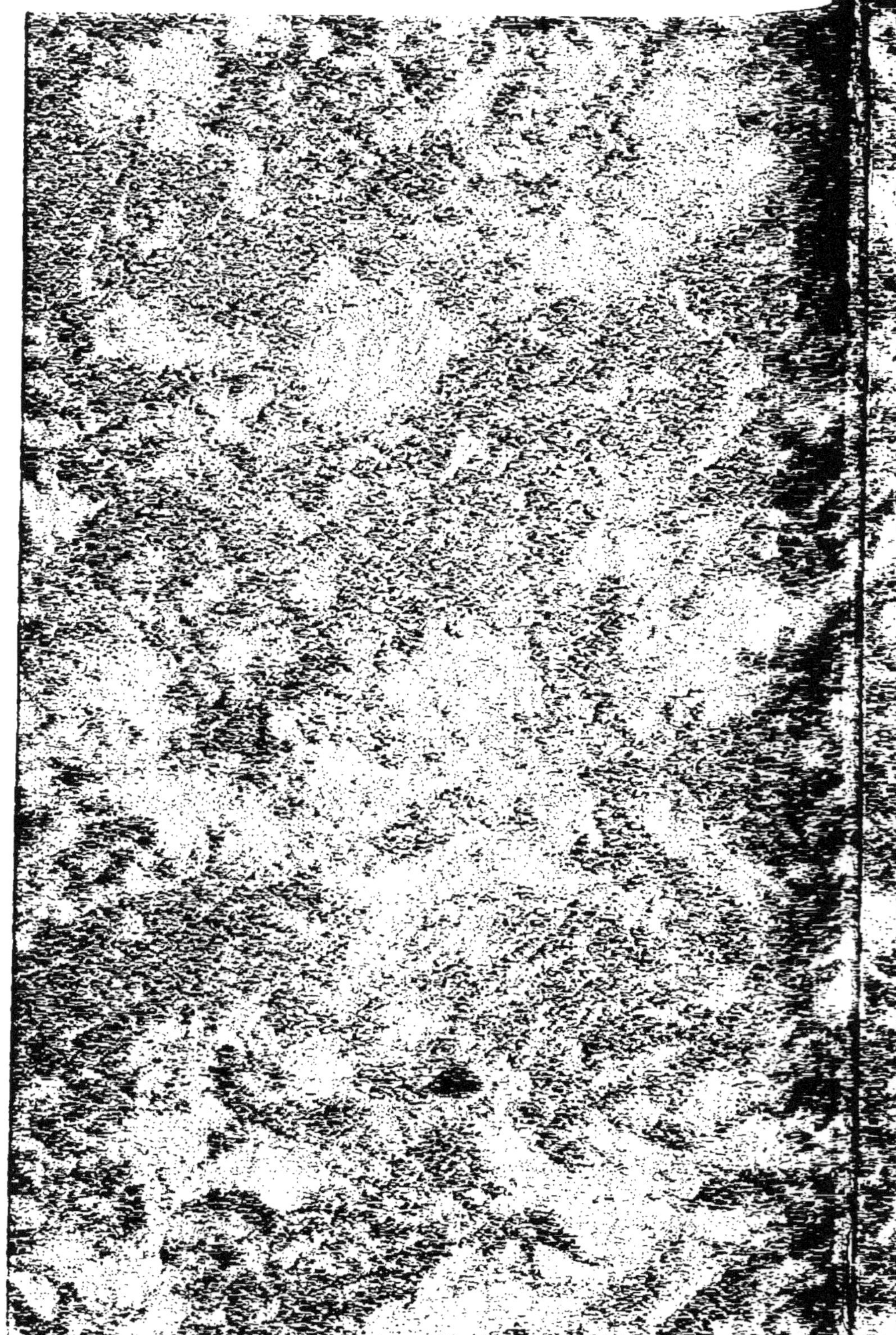

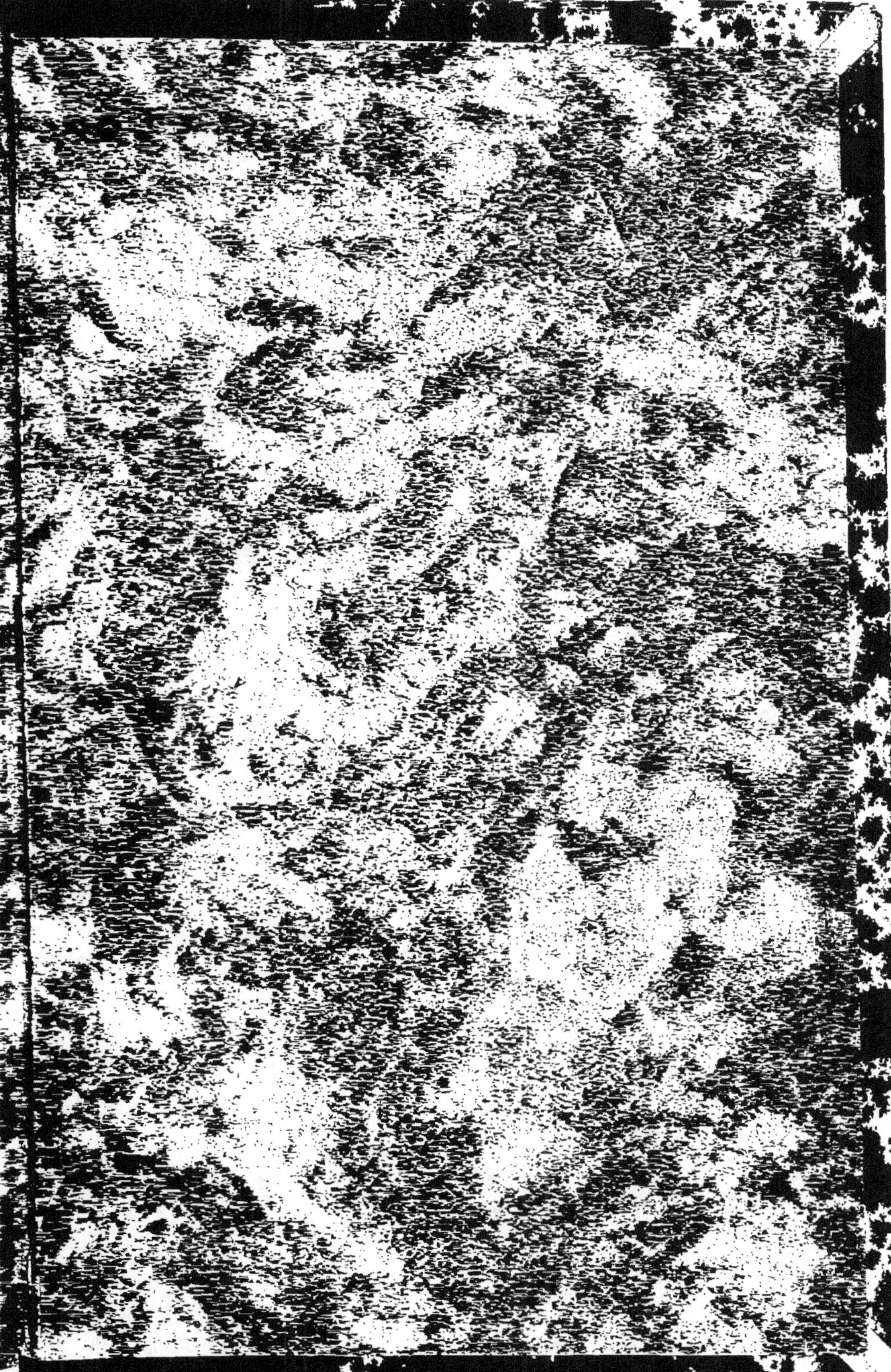

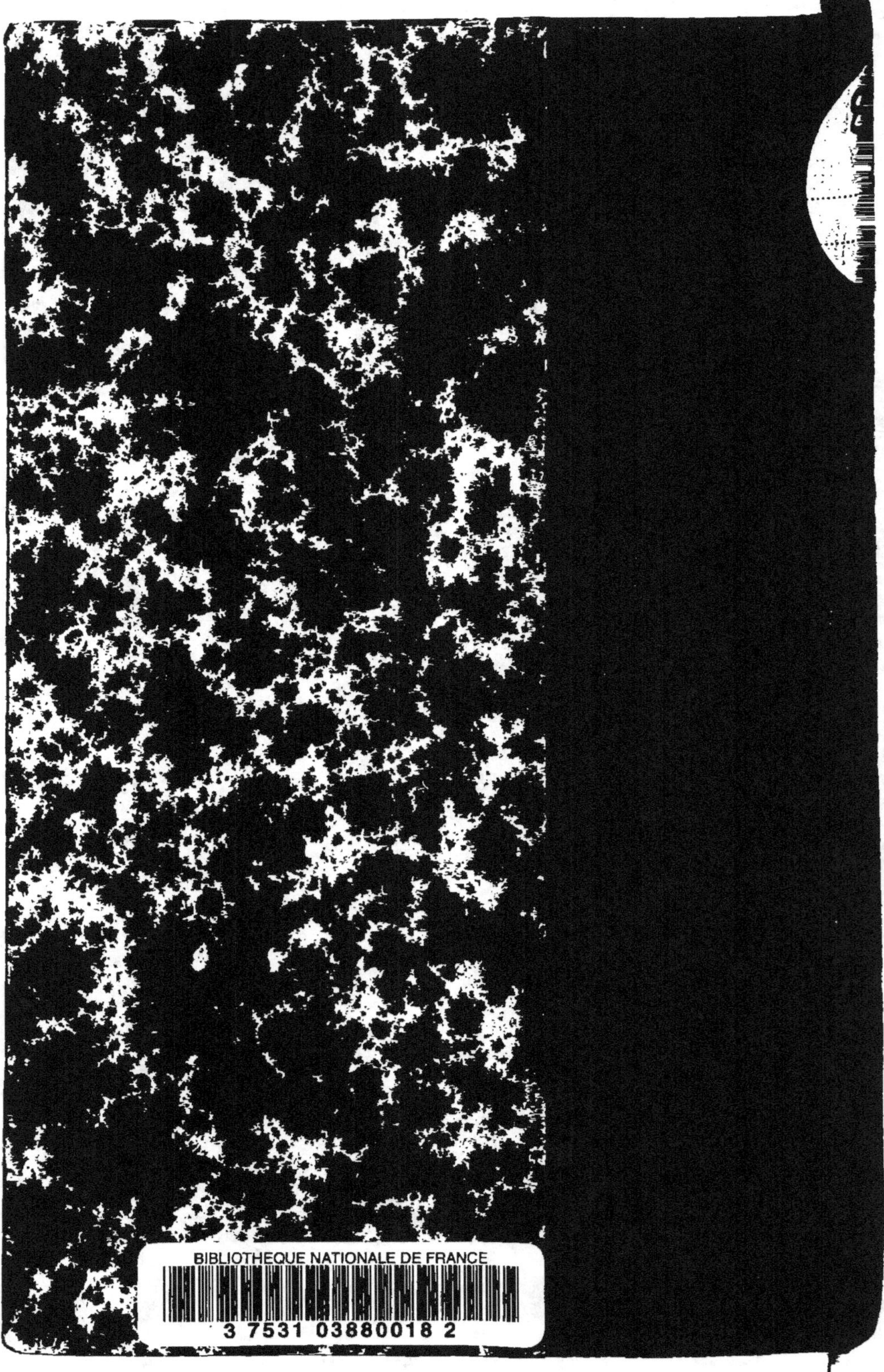

BIBLIOTHEQUE NATIONALE DE FRANCE
3 7531 03880018 2